Céline de Sousa
Isabelle Cottenceau

NOURRIR son ENFANT

L'ALIMENTATION au cœur DE LA RELATION parents-enfant

Illustrations des signes :
Samuel Pereira

LAROUSSE

Direction de la publication
Isabelle Jeuge-Maynart et Ghislaine Stora

Direction éditoriale
Émilie Franc

Édition
Nathalie Cornellana
assistée de **Jeanne Friszman**

Direction artistique
Géraldine Lamy

Conception graphique et mise en pages
Emmanuel Chaspoul

Préparation des textes
Elisabeth Andréani

Relecture-corrections
Laurence Alvado

Couverture
Véronique Laporte

Fabrication
Émilie Latour

L'éditeur remercie Marie Radojcic et Florine Pisano, orthophonistes et monitrices DME, fondatrices de La Boîte à Ortho, pour leur participation (texte pages 54-55), ainsi que Manon Quagliotti (Les ateliers de Manon) et Isabelle Clarion Ramassamy (recettes signées) pour leur participation au signaire. Un grand merci à Phuc Charles et Caroline Tallagrand pour la photo de couverture.

Crédits photographiques :
© Shutterstock : dessins et photos sauf
© Samuel Pereira : pages 25 à 31, 68 à 73, 114 à 119, 146 à 151

ISBN : 978-2-03-600845-8

PRÉFACE

Nourrir...

Nourrir ses enfants est la chose la plus naturelle du monde.

Chaque mère, chaque père a ses recettes, souvent héritées de la génération précédente.

Mais il est vrai que toutes et tous ont besoin d'être rassurés, guidés et conseillés à un moment donné. Soit dès le premier âge de l'enfant, soit un peu plus tard. Et quel parent n'a pas rêvé de pouvoir se faire comprendre et communiquer très tôt avec son bébé ?

C'est là que Céline De Sousa et Isabelle Cottenceau entrent en piste !

Céline est cheffe de cuisine, mais elle s'est depuis bientôt 10 ans spécialisée en alimentation infantile. Elle accompagne les familles pour une diversification alimentaire plus sereine. De son côté, Isabelle est passionnée par les signes à destination des bébés et leur famille.

Pages après pages, vous découvrirez comment créer un lien avec votre bébé autour de l'alimentation et grâce aux signes.

L'éducation au goût est essentielle et doit commencer dès le plus jeune âge. Merci à Céline et Isabelle pour ce travail et ce joli livre qui trouvera une place de choix dans la cuisine de chacun et dont les recettes se transmettront de génération en génération.

Enfin, merci à Céline de m'avoir honoré de la préface de son quatrième livre, c'est toujours un privilège et une grande responsabilité. Merci aux deux auteures de nous livrer leurs signes, leurs astuces et leurs recettes pour nourrir, faire sourire et régaler bébé, et aussi de nous émerveiller par ces belles pages toutes aussi passionnantes que gourmandes.

GUILLAUME GOMEZ
Ambassadeur de France de la gastronomie
et un des meilleurs ouvriers de France

Tout commence par une belle rencontre...

Isabelle et moi, nous nous sommes rencontrées en 2019 lors d'un événement autour de la parentalité. Ce jour-là, Isabelle animait un atelier sur les signes associés à la parole, et moi, un cours de cuisine pour accompagner les parents dans la diversification alimentaire. À la fin, je suis allée la trouver et nous nous sommes promis de nous revoir très vite.

Par la suite, nous avons échangé et nous nous sommes trouvé des valeurs communes très fortes. On s'est mises à chercher un moyen de permettre à nos deux univers de se rencontrer, un projet qui pourrait réunir nos deux domaines de compétences.

L'idée d'écrire un livre ensemble est apparue comme une évidence... après un verre de vin ou deux. Nous voulions aider les parents à communiquer avec leurs enfants autour d'une activité qui les réunirait.

En suivant une formation d'Isabelle, je me suis découvert une passion pour les signes associés à la parole. Rentrée chez moi, j'ai signé avec mes enfants. À ma grande surprise, ma fille Anna s'est approprié les signes très facilement. Elle est très fière de ce projet de livre et est heureuse de prendre des cours de langue des signes parce qu'elle veut pouvoir parler avec tout le monde.

Avec Isabelle, nous sommes convaincues que les signes associés à la cuisine peuvent aider les parents à créer du lien avec leur bébé. Les signes et la cuisine partagent des valeurs telles que le respect, la transmission, le partage et la tolérance. Et ils permettent à l'enfant de devenir autonome.

Et toi Isabelle, qu'en penses-tu ?

Quand je t'ai rencontrée, Céline, j'ai découvert tout un univers : la cuisine ! Tu le sais, cet univers m'était complètement inconnu. Enfin, je devrais dire plutôt que je suis passionnée par la cuisine... du côté de la fourchette. Et tout comme toi, j'apprécie particulièrement la convivialité des repas, les rires autour de la table, la richesse des goûts, des textures..

J'ai pris conscience que nos deux univers avaient beaucoup en commun. Tu m'as fait comprendre qu'avec la cuisine, on communique, on entre en relation, on partage, comme lorsqu'on utilise des signes associés à la parole.

Je rencontre beaucoup de familles et je les accompagne dans la mise en place d'une communication qui favorise la confiance, la complicité, la sécurité affective. Et imaginer qu'on puisse, en cuisinant avec et pour son bébé, créer également un lien fort m'a immédiatement paru évident. Nos deux univers se croisent et s'inscrivent au cœur de la relation parent-enfant : je trouve cela tellement beau !

L'idée de coécrire ce livre avec toi m'a remplie de joie et je suis certaine que les lecteurs vont ressentir, dans notre livre, notre amour pour l'échange et le partage.

Vous trouverez dans chaque partie de l'ouvrage les cartes des ingrédients qui peuvent être signés dans les recettes proposées (ces ingrédients y sont indiqués en italique gras) ainsi qu'un QR code renvoyant aux vidéos montrant comment signer.

Sommaire

L'ALIMENTATION **au cœur** DE LA RELATION

NOURRIR
DANS UN BAIN DE LANGAGE

Avant d'être parent, on s'imagine que s'occuper d'un bébé est relativement simple et qu'il suffit de le nourrir et de le garder propre pour qu'il grandisse bien. Or, dès les premières heures de vie de votre tout-petit, vous avez dû vous rendre compte que c'est plus compliqué que ça ! Tout est une question d'échanges au quotidien avec un bébé avide de communiquer avec vous.

Pendant les premiers mois, voire les premières années de sa vie, un bébé est complètement dépendant de son entourage. En effet, il n'est capable ni de se nourrir seul ni de changer sa couche. Il compte sur ses parents pour prendre soin de lui. En relativement peu de temps, il va développer de très nombreuses compétences : la marche, la continence, le langage... Toutes ces acquisitions, en principe avant ses 3 ans, vont le mobiliser à temps plein et il va avoir besoin de vous pour l'accompagner, l'encourager, le soutenir.

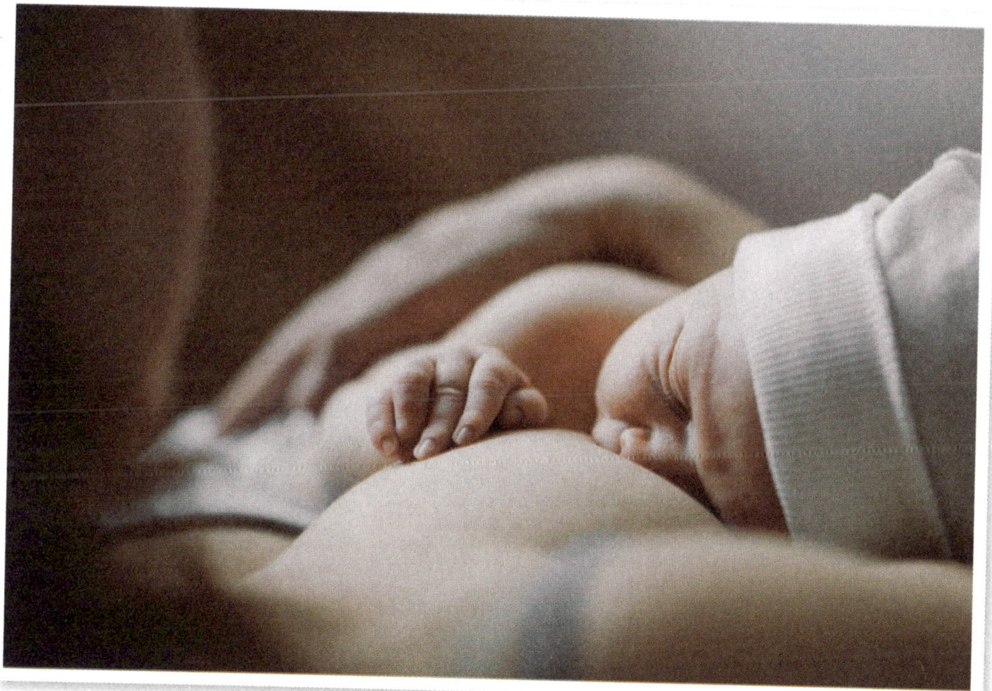

Un bébé est une petite personne unique qui a besoin d'un accompagnement proche pour grandir sereinement.

Pratiquer **le maternage proximal**, c'est en quelque sorte une manière de prolonger la grossesse. Cette période charnière permet au bébé de s'attacher. Dans **la théorie de l'attachement** du psychiatre John Bowlby, un bébé développe un lien d'attachement avec la personne qui répond à ses besoins, et en particulier avec sa mère, *a fortiori* si elle a choisi de l'allaiter. Pour devenir ensuite autonome et partir à la découverte du monde avec une sécurité affective solide, le tout-petit a besoin d'un attachement dit « secure ». Cela nécessite que ses parents répondent de manière proche à ses besoins. Pour y parvenir, ils peuvent utiliser des techniques variées, centrées sur le bien-être psychoaffectif du bébé, telles que le portage, le co-dodo, l'utilisation des signes associés à la parole…

Un bébé a besoin de lait, mais également de mots

Aussi petit soit-il, votre bébé est heureux que vous lui parliez. Durant les premiers mois de sa vie, il ne comprend pas tous les mots, mais il est en mesure de saisir vos intentions, car il est plus sensible à la forme qu'au fond de votre message. Ces premières interactions sont précieuses, car elles le nourrissent affectivement et lui permettent de comprendre comment fonctionne la communication, tout en l'invitant à y prendre part.

LE DÉBUT D'UN LONG PROCESSUS

Bien sûr, même si vous parlez à votre bébé depuis sa naissance, il ne sera pas en mesure de s'exprimer par des mots avant de longs mois. Le développement du langage est un processus qui prend du temps. Mais pour qu'il puisse lui-même parler un jour, il est nécessaire qu'il découvre tous les codes du langage. Vous n'allez pas lui donner un cours, bien entendu, mais il va apprendre tout naturellement de vous, à travers vos nombreuses interactions quotidiennes, en vous observant. Vous êtes un modèle pour lui, de même que le sont tous les membres de la famille et son entourage.

FORMULER À VOIX HAUTE SES INTENTIONS

Un bébé est particulièrement sensible à toutes les formes d'échange, verbales et non verbales, et tous ses sens sont en éveil lorsqu'on s'adresse à lui. Vous pouvez lui expliquer ce que vous avez l'intention de faire : « Je vais te donner ton bain », « Je vais changer ta couche, car tu as fait caca »… N'hésitez pas non plus à lui parler de son environnement : « Entends-tu la sirène des pompiers ? », « Oh, regarde, le chat est monté sur la table, quel coquin ! »…

Voyez comme il prête attention à chaque mot prononcé, à la mélodie de votre voix, au ton que vous employez. Il est également sensible au regard porté sur lui, à l'expression de votre visage et à la délicatesse avec laquelle vous le manipulez. Tout cela lui donne un sentiment de sécurité et l'invite à s'engager avec vous dans la grande aventure du langage et de la communication.

CHANTER DES COMPTINES, CONTER DES HISTOIRES

Parler au bébé est non seulement essentiel durant les routines du quotidien, mais également lors de temps plus spécifiques, au moyen de lectures, de comptines... Les histoires, qu'elles soient chantées ou parlées, sont elles aussi importantes pour le développement psychoaffectif et l'apprentissage du langage, et ce dès le début de la vie. Le bébé se « nourrit » intérieurement de ce bain de mots et vous répond à sa façon.

La posture idéale à adopter pour communiquer

Certains parents se sentent parfois démunis ou maladroits parce que personne ne leur a appris à communiquer avec un nourrisson ! En effet, on nous montre comment changer sa couche, comment le nourrir, comment le coucher, comment le baigner... mais pas du tout comment s'adresser à lui. Voici quelques recommandations.

TROIS ATTITUDES POUR SE METTRE À SA PORTÉE

1 **Se positionner à sa hauteur et le regarder.** Cette posture lui montre que vous êtes à son écoute, mais également que vous le considérez comme votre égal : sa parole est importante pour vous !

2 **Faire des phrases courtes,** en employant des mots simples, mais justes. Pour éveiller sa curiosité, il est important de ne pas noyer votre bébé de paroles. Il est plus sensible aux informations qu'il comprend, certains mots étant trop compliqués pour que le message soit clair. Pour autant, il est inutile de raccourcir

les mots ou d'en créer spécifiquement pour lui, comme « vroum vroum » ou « miaou ». En effet, pour apprendre, votre bébé a besoin de connaître le vocabulaire exact de sa langue.

3 **Utiliser des phases positives.** Lorsque vous employez une phrase négative, comme « Ne jette pas le jouet par terre », le cerveau de votre bébé capte : « jeter », « jouet » et « par terre ». Il s'en donne donc à cœur joie et fait ce que vous lui dites, à savoir jeter le jouet par terre. Mieux vaut donc formuler votre phrase de la façon suivante : « Laisse le jouet sur la table. » Votre bébé comprendra alors : « laisser », « jouet » et « table », ce qui l'invitera tout simplement à ne pas le jeter.

ET ÉCOUTER, CAR C'EST UN EXPERT DE L'ÉCHANGE NON VERBAL !

Vous le savez bien, ce n'est pas parce qu'un bébé ne parle pas qu'il n'est pas en mesure de communiquer. Bien au contraire, c'est même un expert de l'expression non verbale. Pour dire ses besoins (« j'ai faim », « j'ai soif », « j'ai sommeil », « j'ai besoin qu'on change ma couche »...) et ses ressentis, il recourt à tout ce qu'il a à sa disposition : son sourire, ses cris, ses pleurs, son regard, les mouvements de son corps, ses mimiques faciales et ses gestes, qui parlent pour lui.

Il est donc très important d'observer votre bébé et de lui laisser le temps de s'exprimer. Votre bébé est très expressif, et rien qu'en le regardant attentivement, vous récolterez de nombreux indices, à la fois sur son bien-être et sur son inconfort : la gêne, la douleur, la fatigue, des émotions comme la peur, la surprise, le dégoût, la joie... Parfois, on fait ainsi les questions et les réponses quand on s'adresse à son bébé. Par exemple : « Oh ! Tu pleures ? Tu as faim ? Bah oui, tu dois avoir faim parce que tu as mangé tôt ce matin ! »

Même si votre bébé ne parle pas encore, il peut tout de même s'exprimer. Faites-lui confiance, observez-le, il a déjà plein de choses à vous dire, quel que soit son âge !

LE REPAS,
L'OCCASION D'UN TEMPS D'ÉCHANGES INTENSES

Le moment du repas est un temps privilégié entre tous, c'est celui où le bébé se nourrit, à tous les sens du terme, et où le parent nourrit, là aussi dans toutes les acceptions du mot, chacun trouvant du plaisir dans cet échange.

Allaité ou nourri au biberon, le bébé est installé tout contre l'adulte. Lové dans vos bras, il se sent en sécurité et peut ainsi apprécier ce temps avec vous. En effet, pendant qu'il tète, il plonge son regard dans le vôtre et profite de cet instant calme et tendre. Il se nourrit à la fois du lait, mais aussi de vos caresses sur son visage, sur sa petite main et de vos paroles enveloppantes.

La relation évolue avec la position face à face

Votre relation va évoluer et s'enrichir à mesure que votre bébé grandit. Ses besoins, ses envies et ses compétences vont aussi changer. C'est notamment le cas lors des repas. Le bébé, qui était blotti dans vos bras pour téter ou boire son biberon, va commencer à gagner en tonus et vous pourrez envisager de l'installer face à vous pour le nourrir d'une autre manière. C'est le début de la diversification alimentaire.

Ce positionnement face à face est bénéfique pour votre bébé. Vous êtes installés à la même hauteur, ce qui permet un échange de regards intenses qui donne à votre enfant l'envie de communiquer avec vous.

Deux recommandations pour une transition en douceur

En principe, vers 4 mois, un bébé peut éventuellement commencer à prendre de la purée bien lisse, en toutes petites quantités, même si le début de la diversification alimentaire n'a lieu le plus souvent qu'à partir de 5-6 mois. Avaler un aliment posé sur la langue au moyen d'une cuillère tenue par l'adulte est tout autre chose que recevoir du lait quasi directement dans la gorge en tétant.

Si l'on y réfléchit un instant, ce n'est pas rien ! Pour que ce changement et ceux qui vont suivre se déroulent bien de part et d'autre, vous trouverez à la double page suivante deux conseils essentiels qui valent pour toutes les premières découvertes de liquides ou d'aliments autres que le lait, mais aussi pour chaque étape de la diversification alimentaire (voir tableau ci-contre).

LES ÉTAPES CLÉS
de la diversification alimentaire

JUSQU'À 6 MOIS

Le lait maternel ou les préparations commerciales pour nourrisson restent l'alimentation principale du bébé.

DE 4 À 6 MOIS

Seulement avec l'accord du pédiatre, vous pouvez introduire les légumes, les fruits, épluchés et finement mixés, et les céréales infantiles, le tout en purées lisses, à raison de 2 ou 3 cuillerées à café.

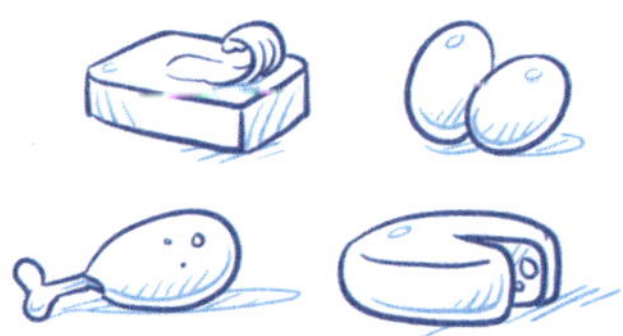

DÈS 6 MOIS

Vient maintenant l'introduction de la viande, du poisson et des œufs, toujours bien cuits à cœur, des produits laitiers comme le fromage. Le bébé va découvrir aussi des textures avec plus de relief, des purées moulinées avec de petits morceaux fondants. On va pouvoir agrémenter les petits plats avec des herbes aromatiques, des aromates et des épices… C'est aussi le moment où apparaît un élément important du repas : la matière grasse.

DÈS 8 MOIS

Les petits morceaux tendres seront de plus en plus présents dans les purées ou proposés en tant que tels.

DÈS 12 MOIS

Votre bébé commence à manger comme vous, avec quelques spécificités tout de même. Vous allez varier les goûts et les textures avec des plats du monde.

DÈS 18 MOIS

Votre enfant mange presque comme vous. Pensez toutefois à adapter les quantités en fonction de ses besoins nutritionnels, mais aussi physiologiques.

INSTALLER BÉBÉ DANS SA CHAISE HAUTE OU DANS SON TRANSAT POUR MANGER

Positionnez votre bébé confortablement dans une assise adaptée à son âge, les pieds posés sur un repose-pieds : il sera ainsi plus réceptif à tout ce qui va se passer au moment du repas. Il doit avoir le dos soutenu et être bien stable. Il est préférable de ne pas asseoir votre bébé sur vos genoux, car son équilibre est moins bon, et le plus souvent, il n'est pas face à vous. Or, il est important de maintenir un contact visuel avec lui.

Sachez que la façon dont vous installez votre bébé à table a un impact sur son développement et son éveil. En effet, se trouver dans une chaise haute le hisse à la hauteur des adultes et il se sent impliqué. Alors, il observe et participe à sa manière.

RESPECTER SON RYTHME POUR CHAQUE NOUVELLE ÉTAPE

Si certains enfants sont heureux de découvrir de nouvelles saveurs, d'autres ont besoin de plus de temps. Écoutez votre bébé, regardez-le, observez ses réactions, parlez-lui et permettez-lui de s'adapter à chaque changement en douceur... Par sa communication non verbale, il vous montre s'il apprécie, s'il en veut encore, s'il a besoin de temps pour goûter... Parfois, il fera de petites grimaces, et ce n'est pas pour autant qu'il n'aime pas ce que vous lui proposez. Le fait d'avoir en bouche un goût qu'il ne connaît pas peut provoquer des mimiques de surprise. Laissez-lui le temps de téter, de faire fondre, puis de déglutir.

De votre côté, n'hésitez pas à lui expliquer ce que vous lui donnez, par exemple : « C'est une purée lisse. » Quand les textures évolueront après ses 8 mois en fonction de sa capacité masticatoire, toujours dans la même démarche de partage et d'échange, vous lui préciserez que « c'est une purée moulinée », puis un jour enfin que « ce sont de petits morceaux ».

UN APPRENTISSAGE QUI DÉBUTE DANS L'UTÉRUS

***In utero*, votre bébé s'est entraîné à ouvrir la bouche, à sucer son pouce et à déglutir. Tous ces mouvements linguaux (la langue), jugaux (les joues) et mandibulaires (la mâchoire inférieure) participent, entre autres, à la formation des os de son visage. Ils constituent aussi une véritable préparation pour sa future nutrition. Déjà, les muscles importants pour la mastication se tonifient et se mobilisent pour le préparer d'abord à téter, puis à mâcher.**

L'APPORT
DE LA COMMUNICATION PAR LES SIGNES

Dès les premiers jours, vous allez parler de façon tout à fait habituelle avec votre bébé, en accompagnant vos paroles de signes. S'il en a envie et besoin, il pourra piocher certains d'entre eux, à sa guise, le moment venu, pour vous dire quelque chose et pour parler de lui.

À mesure que le bébé grandit, sa gestuelle s'affine. Il attire l'attention de l'adulte qui s'occupe de lui, il cherche son regard et se fait comprendre par des gestes que son parent emploie régulièrement et que, lui, reproduit volontiers. Il est possible d'élargir sa palette gestuelle en lui proposant d'employer des signes issus de **la langue des signes française (LSF)**. S'il se saisit des signes, il pourra s'exprimer avec plus de facilité. Dès les premières semaines et durant toute la période préverbale, il aura ainsi la possibilité de mieux transmettre ses émotions, ses besoins, ses envies, dire ce qu'il aime, ce qui attire son attention.

Il n'est aucunement question de le surstimuler, ni même de lui apprendre la langue des signes ou de faire de lui un petit génie. Il s'agit de lui permettre d'utiliser un moyen de communiquer à sa portée, en attendant qu'il soit à l'aise avec le langage oral.

Utiliser des signes dans sa communication avec un bébé n'est donc en aucun cas une méthode qui induirait que le parent enseigne quelque chose à son enfant et attende de lui qu'il réussisse à produire un résultat. Les signes prennent place dans vos interactions, tout simplement, lorsque vous vous adressez à votre bébé, en s'adaptant pleinement à ses capacités, son rythme, ses envies.

LES BÉNÉFICES
des signes associés à la parole

CONFIANCE EN SOI
Il sait qu'il peut se faire comprendre.

COMMUNIQUER
Il peut exprimer ses besoins, ses goûts, ses émotions.

LANGAGE
Il mémorise, conceptualise et acquiert du vocabulaire.

POUR VOTRE BÉBÉ

SÉCURITÉ AFFECTIVE
Il se sent écouté, compris et ses émotions sont accueillies.

ÉCHANGE
Il peut prendre part aux interactions et il y prend goût.

ESTIME DE SOI
Il se sent reconnu comme un individu à part entière.

Confiance mutuelle

Plaisir

Complicité

Liens d'attachement

ÉMOTIONS
Vous pouvez l'accompagner dans la reconnaissance de ses émotions et ressentis.

BESOINS
Vous pouvez apporter une réponse ajustée aux besoins exprimés par votre bébé.

POUR VOUS

CONFIANCE EN SOI
Vous avez le sentiment d'être à l'écoute de votre bébé et vous vous sentez valorisé dans vos compétences parentales.

RENCONTRE
Vous partez à la rencontre de votre tout-petit et de son monde intérieur.

Les premiers signes liés à la tétée

Vous, papa, avant de prendre bébé dans vos bras pour le confier à sa maman qui va l'allaiter, vous pouvez l'avertir : « Tu vas aller dans les bras de ***maman*** pour ***téter***. »

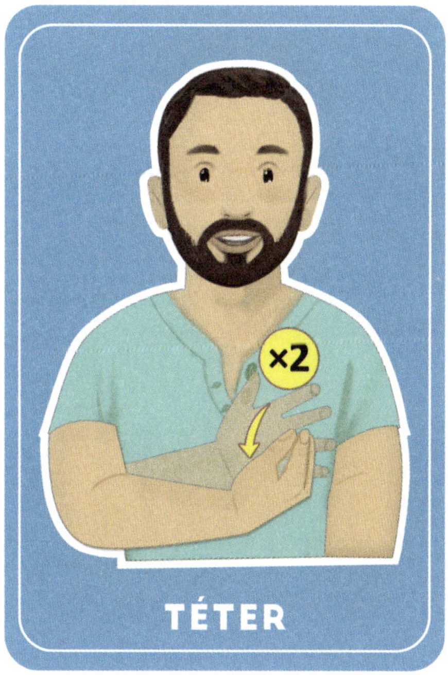

Ou vous, maman, quand vient le moment
du biberon, vous pouvez lui dire avec vos mots
et des signes : « Je vais te donner ton **biberon** »
ou « Tu viens, c'est **papa** qui va
te donner ton **biberon**. »

L'apparition du signe « manger »

Les premiers repas face à face sont une bonne occasion d'enrichir vos interactions de signes complémentaires. Même s'il est encore trop petit pour produire des signes, votre bébé va certainement porter beaucoup d'intérêt à vos mains et aux expressions de votre visage. Il commence à faire le lien entre un concept, son nom et son signe.

Que se passe-t-il quand vous lui dites :
« Je vais te donner à ***manger*** ? »

1. Il va observer votre main qui tape deux fois sur votre bouche (signe ***manger***).
2. Il va entendre le mot « manger ».
3. Il va découvrir son petit repas, puis manger.

Lorsqu'il sera en capacité de signer et qu'il aura faim, il aura donc à sa disposition le signe ***manger***. Sa petite main tapera sur sa bouche plusieurs fois pour exprimer son besoin d'être nourri.

Davantage de signes autour du repas

Vous pouvez expliquer à votre bébé ce que vous allez faire, mais aussi lui parler de ce que vous lui avez préparé. Voici quelques signes possibles :

« C'est l'heure de ***manger.*** »

« Regarde, je t'ai préparé une ***purée*** de légumes. »

« Tu as l'air d'***aimer*** ça ! »

« C'est bon ? »

« Tu vas boire ton ***lait***. »

« Tu en veux **encore** ? »

12 CARTES ingrédients

PATATE DOUCE

POIRE

POMME

×2
POMME DE TERRE

×2
POULET

×2
RADIS

EN AVANT
VERS DES REPAS LUDIQUES

Faites du repas de votre bébé un moment de plaisir, de découverte et d'échanges. Sachez que, si son parent est serein, le bébé le sera aussi, alors faites-vous confiance et pensez surtout à communiquer avec des mots et, si vous en avez envie, avec des signes ! Avec les petites recettes mises à votre disposition et les signes associés, vous créerez du lien avec votre bébé à travers une activité ludique et gourmande. En réalisant ces recettes, les maîtres mots sont : « Amusez-vous ! »

Compote pomme-coing

POUR  **PRÉPARATION :** 5 MIN **CUISSON :** 15 MIN

INGRÉDIENTS

- ½ **pomme**

- ½ coing

1 Lavez, épluchez et épépinez les fruits.

2 Coupez-les en petits morceaux.

3 Faites-les cuire 15 min dans une petite casserole avec un fond d'eau.

4 Mixez finement. Versez la compote dans un récipient et laissez tiédir. Couvrez et réservez au frais.

5 Servez seulement quelques cuillerées de la compote bien fraîche à votre bébé.

CONSEIL : Conservez le reste au frais ou au congélateur dans des petits récipients adaptés et hermétiquement fermés.

Compote pomme-banane

POUR  **PRÉPARATION :** 5 MIN **CUISSON :** 5-6 MIN

INGRÉDIENTS

- ½ **pomme**

- ½ **banane**

1 Lavez et épluchez les fruits. Épépinez la pomme.

2 Coupez les fruits en petits morceaux.

3 Faites-les cuire 5 à 6 min dans une petite casserole avec un fond d'eau.

4 Mixez finement. Versez la compote dans un récipient et laissez tiédir. Couvrez et réservez au frais.

5 Servez seulement quelques cuillerées de la compote fraîche à votre bébé.

CONSEIL : Conservez le reste au frais ou au congélateur dans des petits récipients adaptés et hermétiquement fermés.

Compote pomme-poire

POUR **PRÉPARATION :** 5 MIN **CUISSON :** 5-6 MIN

INGRÉDIENTS

- **½ pomme**

- **½ poire**

1 Lavez, épluchez et épépinez les fruits.

2 Coupez-les en petits morceaux.

3 Faites-les cuire 5 à 6 min dans une petite casserole avec un fond d'eau.

4 Mixez finement. Versez la compote dans un récipient et laissez tiédir. Couvrez et réservez au frais.

5 Servez seulement quelques cuillerées de la compote fraîche à votre bébé.

CONSEIL : Conservez le reste au frais ou au congélateur dans des petits récipients adaptés et hermétiquement fermés.

Purée de carotte

POUR 👶 **PRÉPARATION :** 5 MIN **CUISSON :** 10-15 MIN

INGRÉDIENT

- 150 g de ***carotte***

1 Lavez, épluchez et coupez la carotte en rondelles.

2 Faites-les cuire 10 à 15 min dans une petite casserole avec un fond d'eau.

3 Égouttez en gardant l'eau de cuisson. Mixez finement la carotte et ajoutez de l'eau de cuisson si nécessaire pour adapter la texture à votre bébé.

4 Servez seulement quelques cuillerées de purée tiède à votre bébé.

CONSEIL : Conservez le reste au frais ou au congélateur dans des petits récipients adaptés et hermétiquement fermés.

Purée de haricots verts et pomme de terre

POUR 1 bébé **PRÉPARATION :** 5 MIN **CUISSON :** 10-15 MIN

INGRÉDIENTS

- 100 g de ***haricots verts***

- 50 g de ***pomme de terre***

1 Lavez, épluchez et coupez la pomme de terre en morceaux.

2 Dans une petite casserole d'eau bouillante, faites cuire la pomme de terre et les haricots verts 10 à 15 min.

3 Égouttez en gardant l'eau de cuisson. Mixez finement et ajoutez de l'eau de cuisson si nécessaire pour détendre la purée.

4 Servez seulement quelques cuillerées de purée tiède à votre bébé.

CONSEIL : Conservez le reste au frais ou au congélateur dans des petits récipients adaptés et hermétiquement fermés.

Purée de céleri et de pomme de terre

POUR  **PRÉPARATION :** 5 MIN **CUISSON :** 10-15 MIN

INGRÉDIENTS

• 100 g de céleri-rave

• 50 g de ***pomme de terre***

1 Lavez, épluchez et coupez le céleri et la pomme de terre en morceaux.

2 Dans une petite casserole d'eau bouillante, faites cuire les légumes 10 à 15 min.

3 Égouttez en gardant l'eau de cuisson. Mixez finement et ajoutez de l'eau de cuisson si nécessaire pour détendre la purée.

4 Servez seulement quelques cuillerées de purée tiède à votre bébé.

CONSEIL : Conservez le reste au frais ou au congélateur dans des petits récipients adaptés et hermétiquement fermés.

Compote pomme-ananas à la cannelle

POUR 1 bébé **PRÉPARATION :** 5 MIN **CUISSON :** 10 MIN

INGRÉDIENTS

- 50 g de ***pomme***

- 50 g d'ananas

- 1 pincée de cannelle en poudre

1 Lavez, épluchez et épépinez la pomme. Pelez l'ananas.

2 Coupez les fruits en petits morceaux.

3 Faites-les cuire 10 min avec la cannelle dans une petite casserole avec un fond d'eau.

4 Mixez finement. Versez la compote dans un récipient et laissez tiédir. Couvrez et réservez au frais.

5 Servez la compote bien fraîche à votre bébé.

Compote pomme-mangue à la vanille

POUR **PRÉPARATION :** 5 MIN **CUISSON :** 5-6 MIN

INGRÉDIENTS

- 50 g de ***pomme***

- 50 g de ***mangue***

- 1 pointe de pulpe de vanille

1. Lavez, épluchez et épépinez la pomme. Pelez la mangue.
2. Coupez les fruits en petits morceaux.
3. Faites-les cuire 5 à 6 min avec la vanille dans une petite casserole avec un fond d'eau.
4. Mixez finement. Versez la compote dans un récipient et laissez tiédir. Couvrez et réservez au frais.
5. Servez la compote bien fraîche à votre bébé.

Compote pomme-fraise à la menthe

POUR **PRÉPARATION :** 5 MIN **CUISSON :** 5-6 MIN

INGRÉDIENTS

• 50 g de ***pomme***

• 50 g de ***fraises***

• 1 feuille de menthe

1 Lavez, épluchez et épépinez la pomme. Lavez et équeutez les fraises.

2 Coupez les fruits en petits morceaux.

3 Lavez et hachez la menthe.

4 Faites cuire les fruits et la menthe 5 à 6 min dans une petite casserole avec un fond d'eau.

5 Mixez finement. Versez la compote dans un récipient et laissez tiédir. Couvrez et réservez au frais.

6 Servez la compote bien fraîche à votre bébé.

Purée de radis noir et patate douce

POUR **PRÉPARATION :** 5 MIN **CUISSON :** 10-15 MIN

INGRÉDIENTS

- 130 g de ***radis*** noir

- 70 g de ***patate douce***

- 1 feuille de coriandre
- 1 filet de mélange d'huiles

1 Lavez et épluchez le radis et la patate douce.

2 Coupez-les en petits morceaux.

3 Lavez et hachez la coriandre.

4 Dans une petite casserole d'eau bouillante, faites cuire les légumes et la coriandre 10 à 15 min.

5 Égouttez et mixez finement.

6 Ajoutez le filet de mélange d'huiles et servez tiède à votre bébé.

Purée de carotte et chou-fleur au jambon

POUR **PRÉPARATION :** 5 MIN **CUISSON :** 10-15 MIN

INGRÉDIENTS

- 70 g de ***carotte***

- 130 g de ***chou-fleur***

- 10 g de jambon
- 1 pointe de muscade
- 1 noix de beurre doux

1. Lavez les légumes. Épluchez la carotte et détaillez le chou-fleur.
2. Coupez-les en petits morceaux.
3. Dans une petite casserole d'eau bouillante, faites cuire les légumes avec le jambon cuit et la muscade 10 à 15 min.
4. Égouttez et mixez finement le tout.
5. Ajoutez le beurre au moment de servir la purée tiède à votre bébé.

Purée d'aubergine et de courgette au basilic

POUR 1 bébé **PRÉPARATION :** 5 MIN **CUISSON :** 10-15 MIN

INGRÉDIENTS

- 130 g d'aubergine

- 70 g de courgette
- 1 feuille de basilic

- 10 g de filet de ***poulet***
- 1 filet de mélange d'huiles

1. Lavez et épluchez l'aubergine et la courgette.
2. Coupez-les en petits morceaux.
3. Lavez et hachez le basilic.
4. Dans une petite casserole d'eau bouillante, faites cuire les légumes avec le basilic et le poulet coupé en dés 10 à 15 min.
5. Égouttez et mixez finement le tout.
6. Ajoutez le filet de mélange d'huiles au moment de servir la purée tiède à votre bébé.

LA DÉCOUVERTE
au cœur
DE LA RELATION

DU LAIT
AUX AUTRES ALIMENTS

Plus votre bébé découvre des goûts et des textures, plus il se familiarise avec la nouveauté et se sent rassuré. Vous l'initiez et jouez un rôle de guide, mais c'est en restant toujours à son écoute, en observant ses réactions que vous l'encouragerez le mieux en ce sens.

Votre bébé entame une nouvelle étape d'intenses découvertes. Son développement corporel, dans les 6 mois à venir, va lui permettre progressivement de se servir davantage de ses mains, d'être à l'aise en position assise, puis de se déplacer à sa façon. Avec cette mobilité et cette tonicité nouvelles, ses capacités d'exploration s'accroissent considérablement, et son point de vue et son action sur le monde s'élargissent. **Chaque bébé vit cela à son rythme.** Si certains sont déjà très remuants vers 8 ou 10 mois, d'autres demeurent très statiques. Il n'y a pas de règles en la matière, et chaque parent ne peut que s'adapter au rythme de son enfant.

Il en va de même pour l'alimentation. La capacité à accepter la nouveauté varie d'un bébé à un autre. Qu'il semble ou non faire preuve de souplesse en la matière, l'enfant a dans tous les cas toujours besoin d'un temps d'intégration avant d'aller vers d'autres explorations. Il doit digérer, en quelque sorte, ce qu'il découvre. Et peu importe le tempo, tous les bébés, un jour, mâcheront des morceaux… Vous l'aurez compris, à tout âge, c'est l'inconnu qui fait peur, mais une fois qu'on sait, on ose ! L'essentiel est que ce temps d'intenses découvertes soit un plaisir, pour le parent comme pour l'enfant.

Le parent propose, le tout-petit donne le tempo

En complément du précieux breuvage qu'est le lait, votre bébé a sans doute déjà goûté d'autres laitages, des céréales, riches en énergie, des légumes et des fruits, avec leurs différentes saveurs. Vont venir maintenant la viande, le poisson, les œufs et les matières grasses. La diversification apporte ainsi en douceur de nouveaux nutriments, de nouveaux goûts, de nouvelles textures.

LA DIVERSIFICATION CLASSIQUE

Certains enfants mangent des aliments en morceaux dès l'âge de 6 mois, car leurs parents pratiquent **la DME** (diversification menée par l'enfant, voir p. 54). Mais un grand nombre continue de recourir à la diversification alimentaire classique, et les bébés commencent par manger leurs premiers petits plats sous forme de purées lisses. Les recommandations préconisent qu'à partir de 8 mois, la texture passe du lisse au mouliné, puis qu'à partir de 10 mois, les

parents introduisent de petits morceaux extrêmement fondants dans une purée, pour laisser place à 12 mois aux petits morceaux. Mais tout cela n'est pas figé. Voici quelques points à ne pas négliger.

SI VOTRE BÉBÉ S'ENNUIE, PASSEZ À AUTRE CHOSE

Vous devez proposer à votre bébé des aliments avec des textures variées dès l'âge de 6 mois si vous avez l'impression que votre bébé ne veut plus de texture lisse. N'hésitez pas à passer à la texture suivante dès que votre bébé ne manifeste plus d'intérêt pour la texture du moment, cela stimulera son développement et ses capacités orales et motrices. **Il est recommandé de ne pas consacrer plus d'un mois à l'une ou l'autre de ces étapes.** En somme, veillez à respecter le rythme de votre bébé, car chaque enfant développe ses propres habiletés masticatoires à sa façon et à des moments différents. Dans tous les cas, lorsque vous lui présentez une nouvelle texture, **soyez attentif à ses réactions avant de décider de l'intégrer à son alimentation ou de réessayer plus tard.**

LA TRANSITION DE LA PURÉE AUX MORCEAUX

Même si l'alimentation principale de votre bébé est constituée de purées, proposez-lui des aliments aux textures variées, dont **des morceaux d'aliments mous, adaptés à sa capacité masticatoire, dès qu'il est capable de les porter à sa bouche.** Cela continue de stimuler tous ses sens et lui permet de s'habituer petit à petit à mâcher et à mastiquer. Pour faciliter l'introduction des morceaux, faites évoluer peu à peu la consistance et la texture de ses purées. Même si, bien sûr, la forme et la texture doivent correspondre à son développement neurologique, afin d'éviter tout risque d'étouffement (voir aussi p. 108).

PROGRESSER EN CONFIANCE

Il est important de comprendre que votre bébé n'est pas obligé de passer par toutes les étapes des textures. On ne le redira jamais assez dans cet ouvrage, mais votre enfant est unique, et vous allez devoir lui faire confiance en vous fiant à lui. Observez-le et tout sera plus fluide entre vous. L'important est de toujours regarder votre enfant et d'être à son écoute afin d'adapter son alimentation à ses capacités de mastication et de déglutition.

Quelle quantité proposer à mon bébé ?

La faim et l'appétit varient d'un enfant à l'autre : **il n'existe pas de portion prédéterminée qui convienne à tous les bébés.** Vous commencerez par servir de petites portions et, au fur et à mesure, vous les augmenterez.

De 6 mois à 3 ans, un bébé peut manger entre 150 et 200 g de légumes ou de féculents par repas, sans oublier la viande, le poisson ou les œufs et la matière grasse. On peut ensuite lui proposer un fruit cuit ou cru et un produit laitier par exemple. L'idée est toutefois de **laisser votre bébé décider de la quantité de nourriture qu'il mange,** sans le forcer ni le restreindre. Le maître mot est de rester attentif aux signaux qui montrent qu'il a faim ou qu'il est rassasié. Il est le seul à savoir ce que son corps lui demande. Si le bébé ne mange pas tout, ce n'est pas grave. Ne le forcez pas et surtout, quand il sera à même de faire de petits repas complets, ne le privez pas de dessert, car celui-ci fait partie d'un menu équilibré.

Tout sur la DME
(diversification menée par l'enfant)

De plus en plus connue en Europe, mais pratiquée depuis déjà de nombreuses années outre-Atlantique, la DME est une méthode de diversification alimentaire différente de la diversification classique.

QUELS SONT SES GRANDS PRINCIPES ?

Le plus grand principe de la DME est de laisser le bébé manger seul des morceaux et des purées. Pour cela, il existe deux règles à respecter : **attendre une motricité suffisante** (vers 6 mois), **proposer des morceaux « sécuritaires » et adaptés** (à ses capacités motrices).

L'évolution des textures s'effectuera plutôt à l'inverse de ce qui se passe dans la diversification classique : on proposera toujours de gros morceaux fondants au départ (taille du poing de bébé, longueur de notre majeur), puis au fur et à mesure de l'évolution de la taille de la trachée du bébé et de l'évolution de sa motricité, les morceaux pourront être plus petits. À 12 mois, il n'existera plus de différences concernant la taille et la texture des morceaux : les bébés en diversification classique ou en DME devraient pouvoir manger exactement les mêmes choses.

COMMENT PROPOSER UNE DME « SÉCURITAIRE » ET RASSURANTE ?

Pour connaître les règles et les bases de la DME, il est fortement recommandé de se tourner vers des professionnels. Aujourd'hui, de nombreux professionnels de santé, comme les orthophonistes, animent des ateliers en ligne ou en présentiel afin d'accompagner les parents dans leur démarche. Ils transmettent leur savoir concernant cette diversification et apportent aussi de nombreuses informations précieuses, par exemple : quand et comment introduire les allergènes, dans quelle position le repas doit-il être proposé, quels sont les ustensiles utiles pour les bébés et les parents... Ils se tiennent par ailleurs informés de toutes les recommandations officielles pour permettre aux parents de bénéficier de la meilleure expertise en la matière.

LA DIVERSIFICATION CLASSIQUE ET LA DME SONT-ELLES SI DIFFÉRENTES ?

La différence la plus grande réside dans l'évolution des textures et l'autonomie proposée. Le reste des recommandations est applicable aux deux méthodes, et finalement, peu importe le chemin emprunté, le résultat est le même pour vous et votre bébé.

Avant tout, écoutez votre cœur de parent, choisissez une méthode qui corresponde à votre bébé et à votre famille. Le plaisir est la priorité et le seul critère que vous devez prendre en compte dans le choix de tel ou tel mode de diversification (comme dans tous vos choix de parent, finalement…). En résumé, la meilleure diversification est celle avec laquelle vous vous sentez à l'aise et que votre bébé appréciera. Vous pourrez bien sûr tester chacune de ces diversifications, avec l'aide de professionnels, en gardant la possibilité de basculer de l'une à l'autre sans problème.

L'ÉVEIL SENSORIEL
LORS DES REPAS

C'est une dimension essentielle du développement de votre bébé et de son rapport au monde. Pour découvrir ce qui l'entoure, il doit pouvoir écouter, manipuler, regarder, sentir, goûter, croquer. Sa curiosité et son besoin de communiquer sont ainsi stimulés au quotidien à travers son environnement familier.

Tout débute à l'intérieur du ventre maternel

Nous percevons le monde extérieur par notre corps à travers nos organes sensoriels, à savoir ceux sensibles aux stimulations de l'environnement. Ce sont les yeux, les oreilles, le nez, la langue, la peau. Nous utilisons chaque jour la totalité de nos sens. Ils se développent très tôt, dès le début de la vie dans le ventre de notre maman, et dans un ordre bien précis : **d'abord le toucher, puis le goût et l'odorat, ensuite l'ouïe et enfin la vue.** Le fœtus, puis le bébé, perçoit donc progressivement ce qui l'entoure par l'intermédiaire de ses sens, bien plus que par son intellect qui, lui, se développera plus tardivement, en grandissant, grâce aux apprentissages.

LA PEAU PLUS SENSIBLE AUTOUR DE LA BOUCHE

Le toucher est le premier sens à apparaître. La peau du fœtus, bien que très fine, est dotée très tôt de nombreux récepteurs sensoriels qui lui permettent de sentir tout ce qui l'entoure, d'être sensible à la température et à la douleur. Le toucher s'affine ensuite par les mouvements dans le liquide amniotique et par les sensations au contact de la paroi de l'utérus. C'est la zone péribuccale (autour de la bouche du bébé) qui est la plus sensible.

LES PREMIÈRES PRÉFÉRENCES GUSTATIVES

Arrivent ensuite, au 4 mois de vie dans l'utérus, le goût et l'odorat, tous deux très liés. Grâce à de petits bourgeons gustatifs sur sa langue, le fœtus distingue **les saveurs sucrées, salées, amères et acides**. « Ce qui est inutile dans le ventre de sa mère puisqu'il ne boit que du liquide amniotique », diront certains. Oui, mais une des richesses du liquide amniotique, c'est de n'avoir jamais la même saveur ! La maman influence indirectement le goût et l'odeur du liquide amniotique par ce qu'elle respire et ce qu'elle mange. Le fœtus, en buvant très régulièrement le liquide, active ses petits récepteurs olfactifs et gustatifs ; il affine ainsi déjà ses préférences et les mémorise. Une étude de Benoist Schaal en 2000 a montré que le bébé à la naissance était attiré et avait une préférence pour l'odeur des aliments que sa mère avait consommés durant les dernières semaines de la grossesse.

UN ENVIRONNEMENT SONORE PERMANENT

L'ouïe ne fait son apparition qu'à la fin du 5 mois. Pour le fœtus, les sons sont d'abord comme des ressentis, lesquels vont s'affiner de plus en plus, jusqu'à être finalement entendus en tant que tels, entre les 24 et 26 semaines de grossesse, ce qui correspond à la fin de la formation des tympans. Le futur bébé est dans un environnement sonore permanent. Il entend les battements cardiaques et les sons émis par le système digestif de sa mère, les voix qui l'entourent, les bruits extérieurs... Autant de sons qu'il sera capable de reconnaître après sa naissance. Il sera d'ailleurs très doué pour reconnaître la voix de sa mère parmi une multitude d'autres voix !

UNE VISION ENCORE TRÈS LIMITÉE

La vue survient en dernier, vers 7 mois. À partir de ce moment, le futur bébé est capable d'ouvrir et de fermer ses paupières et de percevoir les différences de luminosité importantes. Mais ses yeux, ne percevant que des ombres et des lumières, sont loin d'être matures. La vue continuera de se développer après la naissance.

Les yeux du bébé observeront successivement et progressivement les différentes nuances de noir et de blanc, les contrastes et, finalement, les couleurs. On s'amuse à observer les enfants jouer avec les rayons du soleil qui percent à travers les arbres, les guirlandes du sapin qui dansent. Ces petits explorateurs ont le sens du détail.

À table, l'un des premiers sens sollicités est la vue

Ne dit-on pas que l'on mange d'abord avec les yeux ? C'est loin d'être un mythe ! Des chercheurs en psychologie expérimentale d'Oxford ont pu analyser ce phénomène et mettre en évidence des données intéressantes : entre deux présentations d'assiette, la plus esthétique est aussi celle qui suscite le plus de compliments gustatifs ! À nos yeux, le beau est sans aucun doute bon dans la bouche. Voici comment faire de ces précieuses informations des alliées lors de la diversification alimentaire de notre bébé.

PROPOSER DES PLATS COLORÉS

Une belle présentation de la nourriture est un bon point de départ vers la découverte sensorielle. Offrir à votre bébé une palette de couleurs variées permet une approche gustative avant même la mise en bouche. Pour commencer, vous pouvez proposer les aliments seuls pour laisser votre bébé en découvrir la couleur et l'aspect. Ensuite, jouez avec les couleurs. Par exemple, et c'est un bon moyen pour (re)découvrir des aliments peu communs, proposez la carotte violette, le radis noir, le cœur de palmier, l'asperge violette… À chaque couleur, ses propriétés ! Comme la nature est bien faite, les nutriments diffèrent sou-

vent avec la couleur. Plus vous varierez les couleurs dans l'assiette, plus vous apporterez une grande diversité de nutriments.

INVENTER DES FORMES LUDIQUES

Mais il n'y a pas que la couleur qui compte… Vous avez tout loisir de vous amuser et d'amuser votre bébé en utilisant des assiettes ludiques (en forme de singe, d'ours, de bonhomme…), mais aussi au moyen de leur contenu ! Les purées vertes font d'excellentes pelouses ou des feuilles de palmier, les jaunes dessinent de beaux soleils, les rouges des nez de clown… Au fur et à mesure de l'introduction des morceaux, les dessins dans les assiettes seront sûrement de plus en plus réalistes. Vous pouvez bien sûr inviter votre bébé à dessiner avec vous pour composer des chefs-d'œuvre !

OFFRIR DES QUANTITÉS INCITANT À MANGER

À la vue d'un plat, notre corps se prépare à goûter, manger et digérer. Mettez-vous à la place de votre bébé en lui proposant des quantités adaptées (voir p. 53). Une assiette d'adulte remplie serait l'équivalent pour lui d'une marmite pour nous ! Si on vous présentait une marmite, vous auriez tendance à être écœuré avant même d'avoir goûté… Mieux vaut resservir votre enfant que lui proposer d'emblée une assiette qui lui semblerait impossible à manger.

Côté odorat,
tout est encore possible

Le nez hume déjà les odeurs des plats que vous cuisinez. L'odorat, entraîné depuis le 7 mois de la vie intra-utérine, a déjà quelques préférences… Mais rien n'est encore joué, et plus votre bébé sera exposé à différentes odeurs, moins il risquera de développer des dégoûts associés à ces dernières : c'est l'accoutumance.

SENTIR, C'EST PRESQUE DÉJÀ GOÛTER

En tant que mammifères, nous possédons un odorat nous permettant de reconnaître dans notre environnement ce qui est bon pour nous. En cuisine, un plat qui mijote ou qui cuit libère davantage d'odeurs. L'odorat active dans notre cerveau les zones du souvenir et du langage. Vous pouvez proposer à votre bébé de sentir les odeurs de la cuisine, les épices et les aliments avant même de les goûter. C'est une bonne voie d'entrée avant la mise en bouche.

LES FAUX AMIS

Vous l'aurez sûrement remarqué, mais certains aliments ont une odeur assez éloignée de ce qu'ils ont comme goût, notamment lors de la cuisson. C'est le cas des choux (qui contiennent du soufre), de certains fromages, des œufs durs, de certains poissons, de l'asperge, de l'andouillette… N'hésitez pas à faire découvrir cela à votre enfant.

Solliciter l'ouïe, mais pas n'importe comment

Dans votre ventre, le bébé ne connaissait que votre voix, et tout à coup, les bruits jusqu'alors feutrés vibrent et résonnent dans ses oreilles. L'ouïe entre en jeu dans cette symphonie sensorielle qu'est le repas. Les aliments, c'est bruyant ! En bouche, ils nous offrent un véritable concert... Si certains adultes ne supportent pas d'entendre manger leur voisin de table, d'autres, au contraire, tirent de cette écoute un sentiment de bien-être.

CUISINER EN PRÉSENCE DU BÉBÉ

Dès la préparation du repas, votre bébé entend une variété de sons qui vont devenir familiers : la viande crépiter dans l'huile, l'Économe qui épluche la carotte, le couteau qui coupe, le robot qui mixe... Déjà, l'enfant se prépare à accueillir le repas. Chaque bruit compte comme une (re)découverte du temps du repas, avant même que les aliments ne soient dans l'assiette de votre bébé.

MANGER DANS LE CALME

Pour découvrir au mieux les aliments, votre bébé a besoin d'être installé dans un endroit calme. Afin de lui permettre de se concentrer sur les sensations procurées par le repas, il est conseillé d'éteindre la télévision ou tout autre écran.

VARIER LES TEXTURES POUR VARIER LES BRUITS

Sans fond sonore gênant, votre bébé pourra apprécier le bruit du croquant, le calme du fondant, écouter sa mastication et sa déglutition. Voici quelques aliments procurant des sons et des sensations différentes, en sachant, bien sûr, que textures et présentations sont à adapter en fonction des capacités masticatoires de votre bébé.

- **Aliments croquants :** biscuits, carotte crue, pomme crue, concombre cru, poivron cru, radis cru, salade iceberg.
- **Aliments fondants :** courgette, oignon, banane, mangue, avocat, purée, génoise.
- **Aliments explosifs :** grenade, tomate, orange, citron, clémentine, pamplemousse, fruit de la Passion.

Quand tout passe d'abord par les mains et le toucher

La découverte sensorielle passe souvent en premier par les mains. Votre bébé veut toucher avant de goûter. C'est qu'il est programmé pour cela ! En effet, déjà dans l'utérus, il a très vite senti les contours de son sac amniotique et l'a palpé avec ses mains et ses pieds. Après sa naissance, au fur et à mesure de l'évolution de sa motricité fine, il développe de plus en plus ce qu'on nomme **« le main/bouche »**. Vers 6 mois, il touche et met à sa bouche tous les objets qu'il rencontre, quels qu'ils soient. Pareil pour la nourriture : c'est sa façon de découvrir le monde. Les conséquences, vous les connaissez ou allez les expérimenter... Avant d'arriver en bouche, les aliments passent par les mains, les lèvres, parfois les cheveux.

OÙ EN EST-IL CÔTÉ MOTRICITÉ ?

• **À partir de 6 mois :** la préhension est palmaire. Votre bébé est capable de refermer l'ensemble de ses doigts sur la paume de sa main. Le pouce commence à devenir indépendant, même si la prise reste instable. En plus de porter les objets à sa bouche, le tout-petit découvre aussi le plaisir de vous tirer les cheveux, de taper sur son biberon, de s'intéresser à vos lunettes...

• **À partir de 7 mois :** vient le temps d'expérimenter le « secouer ». C'est le début de repas plus « rock and roll » ! Les aliments, boissons et couverts sont secoués comme des cocotiers. Votre bébé est à présent capable de passer un objet d'une main à l'autre et de tenir son biberon seul. La pince tri-digitale se met en place : il utilise désormais son pouce en coordination avec son index et son majeur.

• **Vers 10 mois :** la pince entre son index et son pouce permet à votre bébé d'attraper un petit objet ou aliment. Il peut pointer un objet pour le désigner, tenir une cuillère en main et la porter à la bouche (mais il lui est plus difficile de la remplir seul). De même, il peut porter un verre adapté à sa bouche, mais la maîtrise de la dépose sur le plateau risque encore d'être fragile, et les inondations sont fréquentes. Il est temps de prévoir un grand tablier, un bavoir, voire un maillot de bain pour les parents en été.

LAISSER PLACE À L'EXPLORATION…

Vous l'aurez compris, toucher fait partie du développement de votre bébé, et il ne s'agit pas d'empêcher ses multiples explorations. Plus il découvrira de textures différentes (non alimentaires et alimentaires), moins il aura d'a priori quand il s'agira de goûter des choses nouvelles. Il s'agit aussi ici d'accoutumance. Vous pouvez d'ailleurs commencer des activités en dehors des repas pour l'habituer à explorer les différentes textures. Par exemple, la peinture propre est au départ une bonne approche, pour aller ensuite vers la peinture à doigts, la pâte à modeler, la pâte à sel, le sable magique, la pâte Slim…

BESOIN D'AGIR SUR SON ENVIRONNEMENT

Alors oui, on ne fait pas d'omelette sans casser des œufs. Qui dit « exploration » dit « il va y en avoir partout » ! La motricité d'un bébé n'étant pas aussi précise que la nôtre, ses mouvements sont plus brusques. N'oubliez pas non plus que c'est grâce à ses tentatives diverses que votre bébé va comprendre qu'il peut agir sur son environnement et obtenir des résultats différents. Ainsi, s'il fait tomber sa purée de sa main sur le plateau, cela n'aura pas le même effet que s'il

LÂCHER PRISE CÔTÉ MÉNAGE

Pour prendre avec davantage de sérénité les conséquences des explorations de votre bébé sur l'état de la cuisine ou de la salle à manger, vous avez plusieurs solutions. Vous pouvez placer une nappe au sol sous sa chaise haute ou équiper la tablette de toile cirée. Concernant les vêtements, plusieurs options sont aussi possibles : laisser votre bébé en couche s'il fait bon ou lui faire porter un bavoir complet avec manches. Amusez-vous autant que lui : les repas parfois un peu tumultueux sont aussi un vrai moment de partage et de découverte !

la fait chuter du plateau sur le sol... C'est important pour lui d'intégrer tout cela. Il répétera alors son geste autant de fois que nécessaire.

Il préfère le goût sucré, il se méfie de l'amer

De nombreuses études ont montré que les bébés préfèrent les saveurs sucrées. L'explication en est assez simple : le sucré est le goût qui se rapproche le plus de celui du liquide amniotique, et c'est d'ailleurs aussi celui du colostrum. Votre bébé aura donc tendance à apprécier les aliments sucrés : les fruits et certains légumes, telle la carotte.

LA FONCTION ARCHAÏQUE DU GOÛT

Comme le toucher, le goût nous met en garde contre certains aliments (d'origine végétale ou animale). En effet, dans la nature, l'amer signale la présence d'un poison. Ainsi, votre bébé aura toujours plus de difficultés à apprécier les aliments amers et il lui faudra davantage de présentations et de mises en bouche avant de s'y habituer, puis de les aimer.

« IL FAIT UNE TÊTE BIZARRE, IL N'AIME PAS ? »

Votre bébé va découvrir de nouveaux goûts, de nouvelles sensations et tant de choses différentes. Les premières expériences sont toujours un peu déroutantes, même pour nous, adultes. La surprise est parfois si grande que votre bébé fait des grimaces ou a peut-être même des frissons : ce sont des mimiques gusto-faciales. Celles-ci sont tout à fait normales et ne signifient pas un quelconque dégoût (jusqu' à environ 9 mois). Elles disent juste : « C'est nouveau, mes sens et mon cerveau ne semblent pas connaître ou reconnaître cette chose en bouche. »

ESSAYER ENCORE ET ENCORE

Même si un aliment n'a pas suscité d'enthousiasme, vous pourrez le proposer une nouvelle fois à votre bébé. Sachez que, pour qu'un aliment soit classé dans la catégorie « j'aime » ou « je n'aime pas », on compte environ 7 à 15 mises en bouche ! Proposez-le donc de nouveau régulièrement et sous différentes formes.

L'APPORT
DE LA COMMUNICATION PAR LES SIGNES

Votre bébé grandit et ses compétences s'étoffent. Il se tient de mieux en mieux en position assise, ce qui lui permet d'avoir les mains libres pour manipuler et pour communiquer.

À partir de 6 mois, le bébé reproduit les gestes qu'il observe et que les adultes de son entourage utilisent au quotidien. Par exemple, il commence à montrer du doigt, à tendre la main pour donner, à tourner la tête pour refuser. Ces gestes conventionnels, propres à la société dans laquelle il grandit, font partie de la vie de tous les jours : « Au revoir », « Bravo », « Non »... Ils sont facilement repérés par le bébé qui prend un plaisir fou à les reproduire. Dans un premier temps, il le fait par simple mimétisme, sans vraiment en saisir ni le sens ni l'intention. On applaudit, il tape des mains avec joie... On agite notre main pour dire au revoir à sa mamie, il agit de même.

Il comprend désormais le lien entre le signe et l'action

Au bout de quelques semaines, et par la répétition des situations, le bébé fait le lien entre le geste et sa signification sociale. C'est ainsi qu'il va fièrement s'applaudir après avoir réussi à accomplir quelque chose par lui-même, ou qu'il va faire un petit geste de la main lorsqu'il voit quelqu'un enfiler son manteau ou que vous dites « au revoir » au vendeur dans un magasin.

Il comprend alors qu'à une action ou à un objet correspondent un mot et un signe. Il n'est pas encore en mesure de dire le mot, mais il est capable d'effectuer le geste. Il est donc prêt à en découvrir davantage…
Pour l'aider à communiquer encore plus, plus que jamais, on peut donc lui proposer des signes issus de la langue des signes française.

EN TOUTE LIBERTÉ, SANS JAMAIS FORCER

Il est un point important à garder à l'esprit : votre bébé est totalement libre de se saisir des signes ou non, de les utiliser ou non. Il est essentiel qu'il ne soit jamais forcé à « signer » (produire des signes). De même, il est inutile de corriger un signe qu'un bébé effectue à sa façon. Les signes sont peu précis lorsqu'ils sont produits par des tout-petits, et c'est tout à fait normal. Le but n'est toujours pas que votre enfant signe parfaitement, mais qu'il éprouve du plaisir à communiquer avec vous et qu'il se sente écouté et compris.

Des signes durant la préparation du repas

Votre bébé peut déjà être impliqué dans la préparation de son repas, et les signes vont lui permettre d'affiner son observation, de découvrir les aliments et de soutenir ainsi son besoin d'autonomie grandissant. Voici ce que vous pouvez lui proposer.

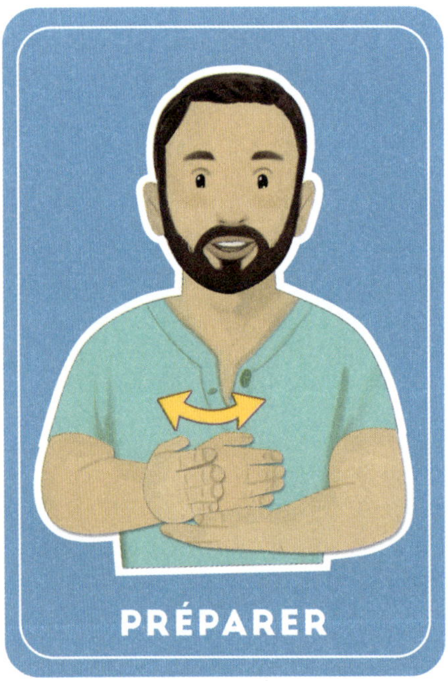

« Je ***prépare*** ton repas. »

« Est-ce que tu veux m'***aider*** ? »

« J'ajoute du ***sucre***. »

« Tu veux ***goûter*** ? »

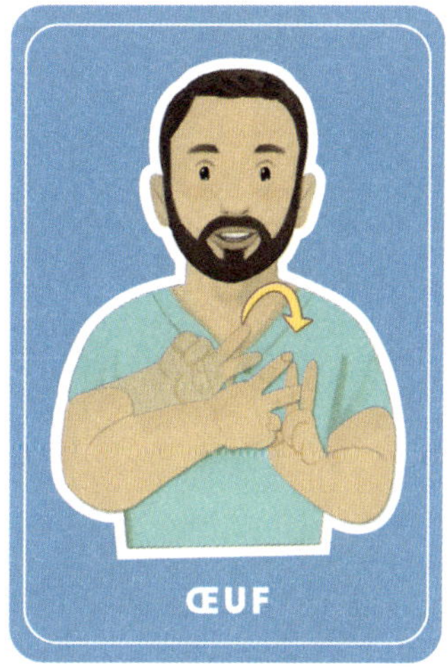

« On casse les ***œufs***. »

« ***Regarde*** ta purée, elle est orange. »

« Tu veux ***toucher*** ? »

« C'est toi qui ***remues*** ? »

Des signes à tester à table

Pendant le repas, votre bébé peut également employer certains signes pour échanger avec vous sur ses goûts et sur ses besoins. Vous pouvez lui proposer les signes suivants.

« Est-ce que tu veux ***boire*** ? »

« Tu veux de l'***eau*** ? »

« Est-ce que tu veux encore des ***poireaux*** ? »

« Tu ***as fini*** ? »

« Tu ***est repu*** ? »
(« Tu ***n'en veux plus*** ? »)

« Tu ***aimes*** ça ? »

« C'est ***chaud*** ! »

« Est-ce que tu veux du ***fromage*** ? »

12 CARTES ingrédients

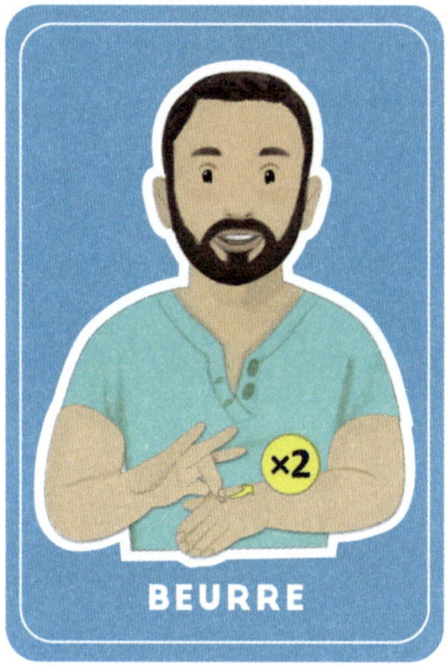

ORANGE

POISSON

POIVRON

×2
RIZ

TOMATE

VANILLE

EN AVANT
VERS DE NOUVEAUX HORIZONS

L'alimentation est une vraie aventure. Votre bébé est équipé pour découvrir son environnement, et le repas en fait partie, mais vous serez toujours son guide. Accompagnez-le en douceur vers de nouveaux horizons, dans un moment de joie et de partage. Le repas est une fête où nos sens sont nos invités. Dressons-leur une belle table, de jolies assiettes et offrons-leur une invitation au voyage… Et pour ce voyage, voici quelques recettes à élaborer avec votre bébé !

Purée de courgette, pomme de terre et roquette

POUR (icône bébé) **PRÉPARATION :** 5 MIN **CUISSON :** 10 MIN

INGRÉDIENTS

- 100 g de ***courgette***

- 50 g de ***pomme de terre***

- 50 g de roquette
- 1 filet de mélange d'huiles

1 Lavez et épluchez la courgette et la pomme de terre. Lavez la roquette.

2 Coupez les légumes en petits morceaux.

3 Faites-les cuire à la vapeur 10 min.

4 Pendant ce temps, plongez la roquette 3 à 5 min dans une petite casserole d'eau bouillante.

5 Égouttez la roquette et mixez finement le tout.

6 Ajoutez le filet de mélange d'huiles et servez la purée tiède.

Purée d'aubergine et dinde rôtie à la coriandre

POUR 1 bébé **PRÉPARATION :** 5 MIN **CUISSON :** 10-15 MIN

INGRÉDIENTS

- 150 g d'***aubergine***

- 50 g de ***patate douce***

- 10 g de ***dinde*** rôtie
- 1 feuille de coriandre
- 1 filet de mélange d'huiles

1 Lavez et épluchez l'aubergine et la patate douce.

2 Coupez-les en petits morceaux.

3 Faites cuire les légumes avec la coriandre et la viande coupée en dés 10 à 15 min dans une petite casserole avec un fond d'eau.

4 Mixez finement le tout avec le filet de mélange d'huiles. Servez tiède à votre bébé.

Purée de brocoli à la crème

POUR 1 **PRÉPARATION :** 5 MIN **CUISSON :** 10 MIN

INGRÉDIENTS

- 150 g de brocoli

- 50 g de ***pomme de terre***

- 1 c. à soupe de crème épaisse pasteurisée

1 Lavez et épluchez la pomme de terre. Lavez et coupez le brocoli pour ne récupérer que les bouquets.

2 Coupez les légumes en petits morceaux.

3 Faites-les cuire à la vapeur 10 min.

4 Mixez les légumes avec la crème.

5 Servez la purée tiède.

Purée de citrouille à la vanille

POUR **PRÉPARATION :** 5 MIN **CUISSON :** 10 MIN

INGRÉDIENTS

- 150 g de citrouille

- 50 g de ***pomme de terre***

- ¼ de gousse de ***vanille***
- 1 petit morceau d'ail
- 1 noix de beurre doux

1. Lavez et épluchez la pomme de terre et la citrouille.
2. Coupez les légumes en petits morceaux.
3. Faites-les cuire avec l'ail à la vapeur 10 min.
4. Mixez les légumes avec la pulpe de la gousse de vanille grattée et le beurre.
5. Servez la purée tiède.

Purée de fèves à l'huile de noisette

POUR  **PRÉPARATION :** 5 MIN **CUISSON :** 30 MIN

INGRÉDIENTS

- 150 g de fèves écossées

- 50 g de ***tomates*** pelées et concassées

- 1 feuille de sarriette

- 1 petit morceau d'ail
- 1 filet d'huile de noisette

1 Retirez la peau des fèves.

2 Faites cuire les fèves 30 min à l'eau bouillante avec la sarriette.

3 Retirez la sarriette et mixez les fèves avec les tomates et l'ail. Adaptez la texture à votre bébé.

4 Ajoutez l'huile de noisette et remuez délicatement.

5 Servez tiède à votre bébé.

CONSEIL : Avant d'introduire les fruits à coque (même sous forme d'huile), parlez-en à votre pédiatre.

Céleri et pomme de terre écrasés au cabillaud

POUR **PRÉPARATION :** 5 MIN **CUISSON :** 10-15 MIN

INGRÉDIENTS

- 150 g de céleri-rave

- 50 g de ***pomme de terre***

- 15 g de ***cabillaud***
- 1 petit morceau d'ail
- 1 feuille de persil
- 1 noix de ***beurre*** doux

1. Lavez et épluchez le céleri et la pomme de terre.
2. Coupez-les en morceaux.
3. Faites chauffer les légumes, le poisson, l'ail et le persil 10 à 15 min dans une petite casserole avec un fond d'eau.
4. Écrasez le tout à la fourchette et ajoutez le beurre.
5. Servez tiède à votre bébé.

Risotto au poireau

POUR **PRÉPARATION :** 5 MIN **CUISSON :** 10-15 MIN

INGRÉDIENTS

- 30 g de ***riz*** pour risotto

- 120 g de ***poireau***

- 1 petit morceau d'oignon
- 1 feuille de persil
- 15 cl de bouillon de légumes non salé

- 1 pointe de safran
- 1 noix de ***beurre*** doux

1 Lavez le poireau pour enlever toute la terre. Épluchez-le et coupez-le en fines rondelles. Rincez-le encore.

2 Faites-le cuire avec l'oignon, le persil et le bouillon 10 à 15 min dans une casserole. Mixez finement sans égoutter.

3 Pendant ce temps, faites cuire le riz comme indiqué sur le paquet. Égouttez si besoin.

4 Mélangez le riz avec le poireau. Ajoutez le safran et faites cuire 1 min à feu doux.

5 Hors du feu, ajoutez le beurre et servez tiède à votre bébé.

Ratatouille et filet de poulet

POUR (1 bébé) **PRÉPARATION :** 5 MIN **CUISSON :** 15 MIN

INGRÉDIENTS

- 50 g de ***courgette***

- 50 g de ***poivron*** rouge

- 50 g d'***aubergine***
- 50 g de ***tomates*** pelées et concassées
- 1 petit morceau d'oignon
- 1 petit morceau d'ail
- 10 à 15 g de filet de ***poulet***
- 1 feuille de basilic
- 1 filet d'huile d'olive

1 Lavez les légumes. Épluchez la courgette et épépinez le poivron. Coupez-les en cubes ainsi que l'aubergine.

2 Dans une casserole, faites revenir les légumes avec un peu d'huile.

3 Ajoutez l'oignon, l'ail et le basilic finement hachés. Déposez le poulet et versez les tomates. Laissez cuire 15 min.

4 En fin de cuisson, retirez la viande et coupez-la en adaptant la taille des morceaux à votre bébé. Si besoin, écrasez la ratatouille à la fourchette ou mixez-la.

5 Avant de servir, ajoutez un peu d'huile et mélangez.

Gaspacho melon-pastèque à la menthe

POUR  **PRÉPARATION :** 5 MIN

INGRÉDIENTS

- 50 g de ***melon***

- 50 g de pastèque

- 1 feuille de menthe

1 Lavez, épluchez et coupez les fruits en morceaux. Lavez la menthe.

2 Mixez finement.

3 Si besoin, passez le gaspacho à la passoire pour retirer les petits morceaux non mixés et versez-le dans un verre adapté à votre bébé.

4 Servez frais à votre bébé avec une paille ou une cuillère, ou dans un verre à bec verseur.

CONSEIL : Conservez le reste au frais ou au congélateur dans des récipients adaptés et hermétiquement fermés.

Mangue-passion à la vanille

POUR **PRÉPARATION :** 5 MIN

Ingrédients

• 50 g de ***mangue***

• ½ fruit de la Passion

• 1 pointe de pulpe de ***vanille***

1 Lavez, épluchez et coupez la mangue en morceaux.

2 Récupérez la pulpe du fruit de la Passion et de la gousse de vanille.

3 Ajoutez le tout à la mangue et mixez.

4 Si besoin, passez la préparation à la passoire pour retirer les petits morceaux non mixés et versez-la dans un verre adapté à votre bébé.

5 Servez frais à votre bébé avec une paille ou une cuillère, ou dans un verre à bec verseur.

CONSEIL : Conservez le reste au frais ou au congélateur dans des récipients adaptés et hermétiquement fermés.

Purée de maïs et poulet

POUR **PRÉPARATION :** 5 MIN **CUISSON :** 15 MIN

INGRÉDIENTS

- 200 g de maïs

- 15 g de poulet

- 1 brin de persil

- 1 petit morceau d'ail
- 1 noix de ***beurre*** doux

1 Épluchez et écrasez l'ail, lavez et ciselez le persil.

2 Rincez et égouttez le maïs.

3 Faites cuire la viande avec le maïs, l'ail et le persil 15 min.

4 Mixez les légumes avec le beurre.

5 Servez la purée tiède.

CONSEIL : Vous pouvez remplacer le poulet par du canard.

Purée de céleri à la pomme verte

POUR  **PRÉPARATION :** 5 MIN **CUISSON :** 15 MIN

INGRÉDIENTS

• 100 g de céleri-rave

• 30 de ***pomme*** granny smith

• 1 petit morceau d'ail

• 1 noix de ***beurre*** doux

• 1 petit ***citron***

1 Lavez et pelez le céleri et la pomme. Épépinez la pomme et versez le jus de citron dessus pour éviter qu'elle ne s'oxyde.

2 Coupez le céleri en petits morceaux et faites-le cuire avec l'ail dans l'eau 15 min.

3 Égouttez et mixez le céleri, l'ail et la pomme ensemble avec la noix de beurre.

4 Servez la purée tiède.

Gratin de poireau au jambon

POUR  **PRÉPARATION :** 10 MIN **CUISSON :** 25 MIN

INGRÉDIENTS

- 180 g de blancs de ***poireau***

- 50 g de ***pomme de terre***

- 15 g de jambon
- 1 c. à soupe de crème fraîche pasteurisée

- 1 pincée de curry

1 Préchauffez le four à 180 °C.

2 Coupez et rincez les blancs de poireaux, puis coupez-les en petites rondelles. Épluchez, rincez et coupez la pomme de terre en petites tranches très fines. Hachez le jambon.

3 Dans une petite poêle, faites cuire les poireaux et le jambon dans un fond d'eau 10 minutes avec le curry.

4 Dans un plat, déposez les poireaux et le jambon cuit, puis par-dessus la pomme de terre. Nappez de crème et enfournez pour 15 minutes

5 Servez le gratin tiède.

Velouté d'asperge et pâtes étoiles

POUR **PRÉPARATION :** 5 MIN **CUISSON :** 15 MIN

INGRÉDIENTS

- 30 g de petites pâtes étoiles

- 100 d'asperges vertes
- 200 ml de ***lait*** entier

- 1 c. à soupe de crème fraîche pasteurisée

1. Faites cuire les pâtes 10 min dans le lait.
2. Épluchez les asperges et coupez la base sur 3 cm. Faites-les cuire à la vapeur 5 min, puis mixez-les avec la crème.
3. Égouttez les pâtes et mélangez-les au velouté d'asperge.
4. Servez le velouté tiède.

Compotée de cerises et petit-suisse

POUR  **PRÉPARATION :** 5 MIN **CUISSON :** 1 MIN

INGRÉDIENTS

- 60 g de ***cerises***

- 1 petit-suisse au lait entier

1 Équeutez les cerises et faites-les cuire 1 min à l'eau bouillante. Refroidissez-les aussitôt dans de l'eau froide avant d'en retirer la peau et le noyau.

2 Coupez les cerises en petits morceaux ou écrasez-les à la fourchette.

3 Dans un petit ramequin, déposez les cerises écrasées et, par-dessus, le petit-suisse préalablement remué. Filmez et réservez au frais.

4 Servez frais à votre bébé.

Banane écrasée à la vanille

POUR **PRÉPARATION :** 5 MIN

INGRÉDIENTS

- 80 à 100 g de ***banane*** mûre

- 1 pointe de pulpe de ***vanille***

- 1 filet de jus de ***citron***

1 Lavez et épluchez la banane.

2 Récupérez la pulpe de la gousse de vanille.

3 Déposez le tout dans un petit bol, versez le jus de citron et remuez.

4 Adaptez la texture à votre bébé : écrasez la banane à la fourchette ou mixez-la.

5 Servez sans attendre à votre bébé.

Salade d'orange à la cannelle

POUR **PRÉPARATION :** 5 MIN **CUISSON :** 1 MIN

INGRÉDIENTS

- 80 à 100 g d'***orange***

- 1 pointe de cannelle

1. Lavez et épluchez l'orange à vif au-dessus d'un petit ramequin pour récupérer le jus qui s'écoule.
2. Prélevez les suprêmes en récupérant toujours le jus.
3. Coupez les suprêmes en morceaux ou laissez-les entiers si votre bébé est capable de les manger. Déposez-les dans un autre ramequin.
4. Faites chauffer le jus d'orange dans une casserole et ajoutez la cannelle. Laissez infuser 1 min, puis versez sur les suprêmes.
5. Servez tiède ou frais à votre bébé.

VARIANTE : Il est possible de remplacer l'orange par du pamplemousse. Après l'étape 3, ajoutez un peu de menthe hachée et mettez au frais avant de donner la salade à bébé.

Gâteau au yaourt

POUR **PRÉPARATION :** 5 MIN **CUISSON :** 40-45 MIN

INGRÉDIENTS

- 1 yaourt nature
- ½ pot à yaourt de ***sucre***

- 3 ***œufs***

- 1 gousse de ***vanille***

- 80 g de ***beurre*** doux
- 3 pots à yaourt de farine
- 1 sachet de poudre à lever bio

1 Préchauffez le four à 180 °C.

2 Dans un saladier, versez le yaourt, ajoutez le sucre, les œufs et la pulpe de la gousse de vanille.

3 Ajoutez le beurre fondu, la farine et la poudre à lever tamisées. Mélangez vigoureusement.

4 Versez la pâte dans un moule à cake beurré et fariné. Enfournez pour 40 à 45 min. Laissez refroidir.

5 Servez du gâteau au goûter avec un fruit et un produit laitier. Coupez-le en morceaux ou laissez votre bébé croquer dedans.

Marbré

POUR (famille) **PRÉPARATION :** 5 MIN **CUISSON :** 40 MIN

INGRÉDIENTS

- 3 ***œufs***
- 175 g de ***beurre*** doux mou

- 100 g de ***sucre*** de canne

- 175 g de farine
- 1 sachet de poudre à lever bio

- 30 g de cacao non sucré
- 3 c. à soupe de ***lait*** entier

1 Préchauffez le four à 180 °C.

2 Séparez les blancs des jaunes d'œufs, puis montez les blancs en neige.

3 Dans un saladier, fouettez le beurre avec le sucre, puis ajoutez les jaunes, le lait et fouettez de nouveau. Versez la farine et la poudre à lever tamisées, fouettez encore.

4 Divisez la pâte dans 2 bols et ajoutez le cacao dans une moitié.

5 Incorporez délicatement la moitié des blancs en neige dans un bol et l'autre moitié dans le second bol.

6 Dans un moule beurré et fariné, versez en alternant les couches de pâte au chocolat et de pâte nature.

7 Enfournez pour 40 min. Laissez refroidir.

8 Servez du marbré au goûter avec un fruit et un produit laitier.

Brownie aux pépites de chocolat

POUR PRÉPARATION : 5 MIN CUISSON : 20-25 MIN

INGRÉDIENTS

- 180 g de chocolat noir

- 100 g de pépites de chocolat blanc
- 120 g de **beurre** doux

- 3 **œufs**
- 120 g de **sucre** de canne
- 125 g de farine

1. Préchauffez le four à 180 °C.
2. Faites fondre le chocolat noir avec le beurre.
3. Dans un saladier, battez les œufs et le sucre jusqu'à ce que le mélange mousse. Incorporez la farine, les pépites de chocolat et le chocolat fondu.
4. Versez la pâte dans un moule carré après l'avoir beurré et fariné.
5. Enfournez pour 20 à 25 min. Laissez refroidir.
6. Servez du brownie au goûter avec un fruit et un produit laitier.

1

L'AUTONOMIE **au cœur** DE LA RELATION

IL VEUT FAIRE...
MAIS AVEC VOUS !

Vous venez de fêter le premier anniversaire de votre bébé. Le voici en chemin vers l'autonomie... « Déjà ! » me direz-vous... Rassurez-vous, il a encore besoin de vous, mais il est volontaire pour découvrir et apprendre à vos côtés.

Votre enfant apprécie de vous observer, mais il est également heureux de mettre la main à la pâte et de participer. Il a atteint un âge où il est ainsi tout à fait judicieux de l'impliquer dans la préparation de son repas avec vous pour un réel moment de plaisir et de complicité.

Installer d'abord bébé en sécurité

Pour éviter de le percher debout sur une chaise, il existe des tours d'observation qui lui permettent de se tenir debout, à votre hauteur, sans risque de chute. Une fois que votre bébé s'y trouve bien, vous pouvez commencer à le laisser manipuler, verser, couper (avec des ustensiles adaptés), tout en l'encourageant avec vos paroles et les signes appropriés. Vous soutenez ainsi sa confiance en lui et l'accompagnez sur le chemin de l'autonomie. En outre, être tous les deux au même niveau favorise les échanges. Votre tout-petit se sent invité de la sorte à prendre part à la conversation, d'égal à égal.

Privilégier les repas en commun

Votre bébé est un formidable imitateur, c'est sa façon naturelle d'apprendre. C'est une des raisons pour lesquelles il faudra, dans la mesure du possible, toujours privilégier les repas ensemble. Non seulement cela stimule l'envie du bébé de se servir des différents ustensiles employés à table, comme le font papa, maman et les autres membres de la famille, mais en plus, cela éveille sa

curiosité : « Mais que mangent donc papa et maman ? Je peux goûter, moi aussi ? » Sans compter que, comme ça l'a été jusqu'à présent, le repas demeure un temps d'échanges et de partage, un moment de relations affectueuses... Et si votre tout-petit a faim avant l'heure à laquelle vous déjeunez, rien n'empêche de lui proposer un encas salé pour le faire patienter et répondre à son besoin.

Histoires de cuillères et de gobelets

Malgré tous ses immenses progrès, votre tout-petit n'a pas encore atteint une motricité qui lui permette de se servir seul de sa cuillère. Il peut néanmoins en manifester l'intention et avoir le désir d'essayer. S'il souhaite manger seul, et que vous vous sentez ce jour-là d'humeur à le laisser faire, vous pouvez accom-

pagner ce besoin d'expérimenter en posant, par exemple, une nappe au sol ou en mangeant sur la terrasse pour limiter le ménage à faire après. C'est une belle réussite dans la vie d'un parent que de voir son enfant devenir autonome, cela signifie qu'il prend confiance en lui.

LA TECHNIQUE DES TROIS CUILLÈRES

Maîtriser le maniement de la cuillère est toutefois un très long apprentissage, et en général, avant 18 mois, votre bébé la trempe dans la nourriture, mais ne parvient pas à la remplir... Même à 2 ans passés, un bébé a parfois encore du mal à porter les aliments à sa bouche.

Une situation fréquente est que votre bébé manipule sa cuillère et ne veut pas vous la rendre pour que vous la remplissiez. Vous pouvez alors recourir à la technique dite « des trois cuillères ». Pendant qu'une cuillère est dans la bouche du bébé (ou dans une de ses mains), une autre sert souvent à occuper son autre main ; on peut donc remplir et donner tranquillement la troisième. Le but de la manœuvre est que le bébé ait toujours les mains prises.

LÂCHER LE BIBERON, PAS TOUJOURS FACILE...

Bien sûr, l'envie de « faire comme les grands » n'est pas toujours là, et il importe de ne jamais forcer ni dans un sens ni dans un autre, bref, de ne pas limiter les élans du bébé, mais de ne pas lui imposer non plus des choses qui lui sont encore difficiles, d'un point de vue physiologique ou psychique. Par exemple, un tout-petit peut avoir du mal à remplacer son biberon chéri et si rassurant par un gobelet. Et il a besoin que vous le compreniez. Ce qui n'exclut pas de chercher des solutions pour faciliter la transition et de proposer régulièrement un bol, une tasse, un verre, une paille, d'offrir un biberon plus petit, contenant moins de liquide... Toujours en douceur, en rassurant, sans juger.

ULTIMES ÉTAPES
DE LA DIVERSIFICATION

Que vous pratiquiez la DME ou la diversification classique, il est important de varier en douceur mais rapidement les textures, l'idéal étant que le bébé puisse, dès 1 an, manger des morceaux. Mais il arrive bien souvent que ce ne soit pas encore le cas.

Vous avez sans doute compris maintenant que la diversification alimentaire avec ses différentes étapes se fait presque naturellement. Chaque bébé apprend et passe ces étapes à son rythme.

Comment ça se passe dans sa bouche ?

Dans un premier temps, la langue du bébé est capable d'aller d'avant en arrière en effectuant un mouvement de vague. Elle est toujours accompagnée de son acolyte, la mandibule, et les deux se synchronisent dans une belle chorégraphie pour permettre la nutrition au sein ou au biberon (au biberon, les mouvements sont quelque peu différents), puis d'écraser les aliments (purée ou morceaux) contre le palais. Ensuite, les mouvements de la langue et de la mandibule deviennent indépendants, chacune jouera son rôle, ce qui favorisera une meilleure précision.

QUESTION D'ENTRAÎNEMENT

Au fur et à mesure des repas, la langue peut faire voyager les aliments de gauche à droite. Enfin, l'ensemble des mouvements se coordonnent et la mastication est alors (presque) au maximum de ses capacités : il ne manquera plus que les molaires pour assurer une mastication adulte. Comme pour un athlète de haut niveau, l'entraînement du bébé est régulier (à chaque biberon, tétée ou repas) et demande un effort important.

LA PUISSANCE DES GENCIVES

Parmi les interrogations fréquentes des parents, on trouve celle-ci : **« Est-ce qu'un bébé a besoin de dents pour manger des morceaux ? » Eh bien, non !** Même si votre bébé n'a pas encore de dents, ses gencives lui permettent de mastiquer, car elles sont assez puissantes pour écraser des morceaux dont la taille et la texture sont adaptées à ses possibilités.

ET MOI DANS TOUT ÇA, JE PEUX AIDER ?

Vous êtes une aide précieuse pour votre bébé qui apprend par l'expérience et l'imitation. Apportez-lui votre soutien et encouragez-le : soyez son coach. Motivez-le et faites-le profiter de votre expérience. Vous pouvez vous placer devant votre enfant et montrer les mouvements à effectuer : ouvrir la bouche lorsque vous approchez la cuillère, mâcher en exagérant les mouvements, mastiquer bouche ouverte. **L'idéal est de prendre votre repas en même temps que lui. Ses neurones miroirs lui permettent alors d'imiter ce que vous faites** et de le reproduire tout de suite ou un peu plus tard.

Pour prévenir tout risque d'étouffement

L'introduction des morceaux est souvent la plus grande appréhension des parents en matière de diversification alimentaire. Nous avons peur que le bébé s'étouffe. Mais en évitant certaines formes et textures d'aliments, on prévient les risques. L'environnement que vous pouvez créer selon les propositions qui suivent permet de sécuriser les repas et d'éviter les fausses routes qui sont désagréables. Voici nos recommandations.

- **Privilégiez** des aliments que votre bébé peut saisir avec les doigts.
- **Optez** pour des aliments assez mous pour qu'il puisse facilement les écraser avec ses gencives ou sur son palais avec sa langue. Vous pouvez faire le test vous-même pour vérifier que la texture convient.
- **Laissez** le temps à votre bébé de s'habituer aux différentes textures.

APPRENDRE AU BÉBÉ À CRACHER

Comme pour la mastication, vous avez en la matière le rôle du coach. De la même manière, les neurones miroirs vont être des atouts précieux. Vous pouvez donc encourager votre bébé à tousser, racler sa gorge et cracher. Vous pouvez également lui montrer comment procéder en le faisant vous-même. Surtout, ne tapez pas dans son dos, au risque de provoquer un étouffement complet.

Et s'il ne veut pas manger des morceaux ?

On estime que, si un enfant refuse toujours les morceaux vers 18 mois, mieux vaut consulter afin de diagnostiquer un possible trouble d'oralité sensorielle. Les refus, les haut-le-cœur ou les vomissements à la vue ou au toucher des aliments sont des signes à ne pas négliger. Parlez-en au médecin de votre enfant, qui pourra vous diriger vers un orthophoniste. Plus ce problème est pris en charge tôt, plus vite il se réglera. Mais dans la grande majorité des situations, et en l'absence de signe alarmant, les diverses astuces que voici devraient aider votre enfant (et vous, parent, qui êtes peut-être un peu anxieux) dans cette nouvelle étape.

TROIS ATTITUDES FACILITANT LA TRANSITION

1 **Laissez** toujours votre bébé porter seul les aliments à sa bouche afin qu'il se les approprie.

2 **Proposez-lui** des céréales ou des biscuits pour bébé, secs et craquants, qui fondent presque dans la bouche. Ils sont faciles à manger et peuvent l'aider à se familiariser avec les aliments solides.

3 **Favorisez** une ambiance calme et détendue lors du repas, communiquez avec votre tout-petit. Ne le forcez pas à manger.

LES BONNES POSTURES DU PARENT

Pour vous soutenir et garder confiance, voici quelques phrases à vous répéter qui vous seront utiles.

- « Mon bébé s'entraîne depuis sa vie intra-utérine, ce n'est que la continuité naturelle des choses. »
- « Il est expert de ses sens et de ses sensations. »
- « Il ne m'a pas attendu pour améliorer ses performances, il sait faire seul. »
- « Je peux maîtriser son environnement pour mettre en place un contexte favorable. »
- « La meilleure diversification est celle qui est faite dans le partage et la sérénité. »
- « J'ai la connaissance, je n'ai plus qu'à lui faire confiance. »
- « Si j'ai besoin d'aide, je peux toujours compter sur un professionnel. »
- « Chaque repas est une belle aventure pour nous. »

Quelques situations parfois difficiles à gérer

Même si vous êtes persuadé du bien-fondé des affirmations qui précèdent, les attitudes de votre bébé, pour diverses raisons, mettront certains jours votre patience à rude épreuve. Mais votre tout-petit, pas plus que vous, n'apprécie le conflit. Quand il ne fait pas ce que vous voulez, l'idée est de ne pas chercher à lui imposer ce que vous pensez « être bien », mais plutôt de comprendre ce qu'il veut, de dédramatiser, car au fond, ce n'est pas grave... Il s'agit de ne surtout pas entrer dans un rapport de force, mais de détourner son attention, de trouver une solution amusante, afin que le repas demeure pour tous un temps agréable. Voici quelques astuces.

S'IL REFUSE LES ALIMENTS

Il ne faut jamais le forcer, l'idée étant de proposer sans imposer. On peut présenter les aliments sous différentes formes (cake, madeleines, gaufres...), rendre le repas plaisant et ludique (dessin dans l'assiette avec les aliments), permettre au tout-petit d'explorer avec les mains, davantage rire avec lui, inviter doudou à table, manger face à lui...

S'IL JETTE AU SOL LES ALIMENTS ET LES COUVERTS

Son attitude peut avoir plusieurs raisons, et à chaque fois, il y a une solution.

- Tout jeter est peut-être une manière de montrer qu'il n'a plus faim. Vous pouvez alors signer en lui demandant : « C'est ***fini*** ? » et retirer son plat.
- Parfois, votre bébé a besoin d'une pause « sucrée », d'un aliment qu'il connaît et qui lui plaît. Proposer le dessert en milieu de repas est tout à fait possible. N'oubliez pas que l'ordre « entrée, plat, dessert » n'est qu'une convention sociale, qui ne vaut pas la peine de provoquer un drame.
- Enfin, jeter fait partie des besoins cognitifs du bébé à cet âge. Assouvir ce besoin est important pour qu'il puisse passer à autre chose et se concentrer sur une autre tâche. Vous pouvez ainsi réserver un temps à l'expérimentation du « jeter au sol » avec des jouets, des balles, des peluches et signer ***jouer***. Puis signer ***repas*** ou ***manger*** quand il est temps de passer à table et qu'on ne peut donc plus jeter.

L'APPORT
DE LA COMMUNICATION PAR LES SIGNES

Votre bébé commence peut-être à reproduire à sa façon la musique de sa langue maternelle et même à dire quelques mots. Mais la joie de s'exprimer avec des sons varie beaucoup d'un enfant à un autre, de même que l'attrait pour les signes.

Cela fait plusieurs mois que vous utilisez les signes lorsque vous vous adressez à votre bébé, et s'il ne signe pas en retour, vous vous demandez à quel âge il sera en capacité de le faire. Or, tous les bébés sont différents et ils ne sont pas tous réceptifs aux signes de la même manière et au même moment. Mais rassurez-vous, l'objectif n'est pas que votre tout-petit signe à tout prix. **Signer en parlant lui permettra de toute façon de mieux comprendre les consignes et ce qui se passe autour de lui.** Votre relation avec votre bébé s'enrichit sans cesse de tout ce que vous vivez ensemble. Vos paroles, vos gestes, vos encouragements, votre sourire sont les éléments essentiels qui nourrissent votre lien, votre relation. Ce que vous partagez va bien au-delà des signes.

Faciliter son expression

Pour aider votre bébé à bien comprendre vos paroles, il est important de privilégier des phrases courtes, mais d'utiliser également les mots justes. En effet, parler du « chat » plutôt que du « miaou » permet à l'enfant de connaître le nom précis de chaque chose. Vous pouvez en revanche utiliser des synonymes, tout en proposant le même signe. Par exemple, pour désigner l'objet « livre », il est possible de parler d'imagier, d'album ou encore de bouquin, tout en accompagnant le mot du signe « livre ». Ainsi, vous permettez à votre bébé d'enrichir son vocabulaire et de comprendre très facilement ces nouveaux mots.

Par ailleurs, utiliser des formulations positives aide votre tout-petit à mieux vous comprendre, et ce, dès les premiers mois de sa vie. Si vous lui dites : « Attention, ne touche pas, c'est chaud ! », il risque de comprendre qu'il peut toucher car son cerveau peut difficilement annuler une action. Ainsi dites à la place : « attention, c'est chaud, pose plutôt ta main sur le plan de travail ! » L'idéal étant de lui dire ce qu'il peut faire plutôt que ce qu'il ne peut pas faire.

DES QUESTIONS POUR ENCOURAGER À PARLER

De plus, pour l'inviter lui aussi à s'exprimer, vous pouvez lui proposer des choix qui invitent à la communication. Les questions fermées n'encouragent pas un bébé à parler, car les seules réponses possibles sont « oui » ou « non ». Plutôt que de dire : « Tu veux du ***fromage*** ? », demandez : « Tu veux du ***fromage*** ou un ***yaourt*** ? » Ainsi aura-t-il l'opportunité de dire des mots, s'il le peut. Et ce sera aussi l'occasion de lui proposer certains signes en lien avec ce qu'il mange.

Lui proposer des choix, c'est aussi le responsabiliser, le rendre acteur, et cela peut lui donner le sentiment d'être reconnu comme un individu à part entière. Lui permettre de faire des choix est en outre une bonne manière de l'accompagner en douceur vers l'autonomie. Cette astuce est valable dans d'autres situations et désamorce parfois certaines situations frustrantes pour l'enfant. Par exemple, lorsqu'il n'a pas envie de s'habiller, vous pouvez le laisser libre de choisir tel ou tel vêtement : « Tu veux le tee-shirt bleu ou le rouge ? » Ou bien le laisser décider du moment où il va s'habiller : « Tu préfères t'habiller avant ou après le petit-déjeuner ? » Petit à petit, votre bébé pourra faire ses choix par lui-même, et vous les exprimer à l'aide d'un signe, puis à l'aide de mots.

Les signes en préparant le repas

Peut-être que votre bébé comprend déjà bien les signes, peut-être même commence-t-il à en effectuer certains, peut-être les emploiera-t-il dans quelques semaines... L'important est de continuer à lui parler et à l'accompagner. Voici les signes qui peuvent être utiles pendant la préparation du repas.

« On prépare ton repas **ensemble** ? »

« Tu m'aides à préparer le **dessert**. »

« ***Qu'est-ce que*** tu veux ? (Signe ***quoi ?***)

« Attention ! »

« Regarde, ça fume, c'est ***chaud*** ! »
(Voir p. 171)

« Est-ce que tu en ***veux*** encore ? »

« Tu m'aides, ***c'est bien !*** »

« Tu veux ***essayer*** ? »

Les signes pendant le repas

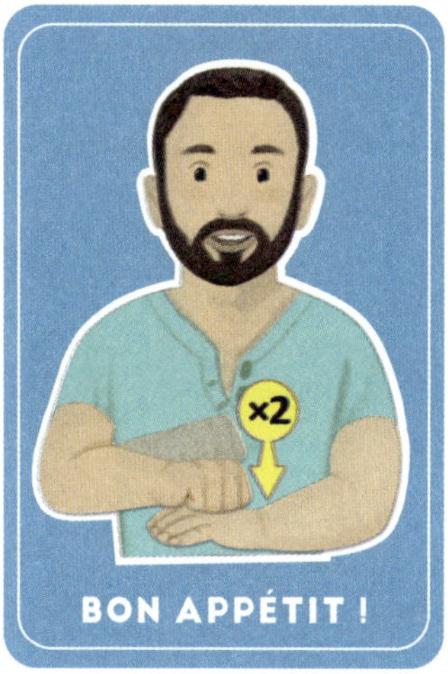

« ***Bon appétit !*** »

« ***Il n'y en a pas*** (ou plus) ! »

« Est-ce que tu veux une ***compote*** ou un ***yaourt*** ? »

« C'est une recette **facile** à faire ? »

« Le yaourt est **froid**. »

« Mange **doucement** ! »

« **Mâche** bien tes aliments ! »

« Tu peux **cracher** le morceau ! »

10 CARTES ingrédients

FRAMBOISE

×2
NOISETTE

PÊCHE

SEMOULE

SPAGHETTIS

L'INITIATION
D'UN FUTUR PETIT CHEF

Votre bébé s'enrichit de chacune des expériences qu'il vit avec vous. En faisant de son repas un moment joyeux et riche en échanges, vous lui donnez envie de goûter les aliments, de faire de nouvelles découvertes gustatives et de communiquer. Le temps de préparation, en amont, lui permet de manipuler les ingrédients, de se familiariser avec les différentes textures et de goûter. C'est le moment idéal pour l'initier aux premiers gestes d'un petit chef de cuisine : il peut laver les légumes, couper les fruits mous (bananes, tomates, fraises…), verser l'eau, l'huile, la farine, le sucre… sous votre regard soutenant et bienveillant.

Filet de dinde, avocat et ananas

POUR [icône bébé] **PRÉPARATION :** 5 MIN **CUISSON :** 10 MIN

INGRÉDIENTS

- 25 g de filet de ***dinde***

- 50 g d'***avocat***
- 50 g d'ananas

- 30 g de ***riz***
- 1 feuille de coriandre
- 1 filet de jus de ***citron***
- 1 filet de mélange d'huiles

1 Épluchez l'avocat et l'ananas. Coupez-les séparément en petits morceaux. Versez le jus de citron sur l'avocat pour éviter l'oxydation.

2 Dans une petite poêle, versez un peu d'huile, ajoutez un fond d'eau et faites cuire la viande, l'ananas et la coriandre finement hachée 10 min.

3 Pendant ce temps, faites cuire le riz comme indiqué sur le paquet. Égouttez.

4 Dans une assiette, déposez le riz chaud, l'avocat et la dinde à l'ananas coupée en petits morceaux.

Brochette de poulet, houmous à la betterave

POUR  **PRÉPARATION :** 5 MIN **CUISSON :** 10 MIN

INGRÉDIENTS

- 25 g de filet de ***poulet***
- 100 g de pois chiches cuits

- 100 g de ***betterave*** cuite
- 1 morceau d'ail
- 1 filet de jus de ***citron***
- 1 filet d'huile de sésame (avec l'accord du pédiatre)
- 2 c. à soupe de ***yaourt*** nature
- 1 pointe de curry

1 Dans le bol d'un mixeur, mettez les pois chiches, la betterave coupée en morceaux, l'ail et le jus de citron. Mixez par à-coups en ajoutant un peu d'eau si besoin.

2 Coupez la viande en morceaux. Dans un saladier, mélangez-la avec le yaourt et le curry, puis piquez-la sur une brochette. Faites cuire la viande de chaque côté dans une poêle avec un peu d'huile.

3 Dans une assiette, coupez la viande en petits morceaux, déposez le houmous de betterave et versez un peu d'huile.

4 Servez chaud ou froid à votre bébé.

CONSEIL : Pour plus de gourmandise et en fonction des goûts de votre bébé, vous pouvez servir le houmous décoré de graines de sésame ou de persil ciselé.

Cheveux d'ange à la bolognaise

POUR **PRÉPARATION :** 5 MIN **CUISSON :** 15-20 MIN

INGRÉDIENTS

- 120 g de cheveux d'ange (pour bébé)

- 200 g de ***spaghettis*** (pour vous)
- 400 g de ***tomates*** pelées et concassées

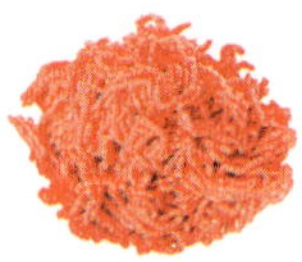

- 250 g de bœuf haché
- 1 oignon
- 2 gousses d'ail
- Thym et laurier
- Huile d'olive

1 Pelez l'oignon et l'ail, puis coupez-les en tout petits morceaux. Faites-les suer dans une casserole avec un peu d'huile.

2 Ajoutez la viande et laissez cuire avec du thym et du laurier quelques minutes.

3 Ajoutez les tomates et laissez cuire 10 à 15 min à couvert.

4 Pendant ce temps, faites cuire séparément les pâtes comme indiqué sur les paquets. Égouttez.

5 Récupérez de la sauce pour bébé et mélangez-la avec les cheveux d'ange. Mélangez les spaghettis avec le reste de sauce.

6 Servez tiède à votre bébé.

Cordon-bleu et purée de carotte

POUR **PRÉPARATION :** 5 MIN **CUISSON :** 25 MIN

INGRÉDIENTS

- 800 g de ***carottes***
- 4 filets de ***poulet***
- 4 tranches de jambon

- 4 tranches de ***comté***
- 1 c. à café de cumin en poudre
- 1 noix de ***beurre*** doux
- ***Farine***
- 1 ***œuf***
- Chapelure
- 1 filet d'huile d'olive

1 Lavez et épluchez les carottes. Coupez-les en morceaux. Faites-les cuire 15 min dans une casserole d'eau bouillante avec le cumin. Égouttez-les et mixez finement. Ajoutez le beurre.

2 Ouvrez les filets de poulet en portefeuille. Déposez les tranches de jambon, puis de fromage. Refermez les filets.

3 Préparez 3 assiettes avec la farine, l'œuf battu et la chapelure. Trempez chaque filet dans la farine, puis dans l'œuf et la chapelure. Renouvelez l'opération dans l'œuf et la chapelure.

4 Faites cuire les cordons-bleus 10 min de chaque côté dans une petite poêle avec un peu d'huile.

5 Laissez tiédir et servez 25 g de cordon-bleu à votre bébé avec 180 g de purée de carotte.

Chaussons aux pommes

POUR **PRÉPARATION :** 5 MIN **CUISSON :** 25 MIN

INGRÉDIENTS

- 1 pâte feuilletée

- 12 c. à soupe de compote de ***pomme***

- 1 jaune d'***œuf***

1 Préchauffez le four à 200 °C.

2 Découpez 4 disques dans la pâte feuilletée avec un emporte-pièce ou un bol.

3 Déposez 3 c. à soupe de compote de pommes au centre de chacun des disques.

4 Repliez-les en 2 pour obtenir des chaussons et appuyez sur les bords pour les souder. Vous pouvez les sceller à l'aide d'une fourchette.

5 Badigeonnez les chaussons de jaune d'œuf et enfournez pour 25 min. Laissez refroidir.

6 Servez la moitié d'un chausson au goûter avec un produit laitier.

Financiers noisette-amande

POUR **PRÉPARATION :** 5 MIN **CUISSON :** 10-12 MIN

INGRÉDIENTS

- 50 g de ***noisettes*** en poudre

- 50 g d'amandes en poudre
- 30 g de ***farine***

- 80 g de ***sucre*** glace
- 1 gousse de ***vanille***
- 90 g de ***beurre*** doux
- 3 blancs d'***œufs***

1 Préchauffez le four à 180 °C.

2 Dans un petit saladier, mélangez les noisettes et les amandes en poudre avec la farine, le sucre glace et la pulpe de la gousse de vanille.

3 Faites fondre le beurre et incorporez-le au mélange.

4 Montez les blancs en neige, juste mousseux, et incorporez-les. Mélangez vigoureusement et versez la pâte dans des moules à financiers.

5 Enfournez pour 10 à 12 min en fonction de la taille des moules. Laissez refroidir.

6 Servez un financier au goûter avec un fruit et un produit laitier.

Langues-de-chat

POUR | **PRÉPARATION :** 5 MIN **CUISSON :** 5 MIN

INGRÉDIENTS

- 125 g de ***beurre*** doux

- 100 g de ***sucre*** de canne

- 1 pointe de ***cannelle***

- 150 g de ***farine***
- 3 blancs d'***œufs***

1 Préchauffez le four à 190 °C.

2 Dans un saladier, mélangez le beurre avec le sucre et la cannelle. Incorporez la farine.

3 Ajoutez les œufs un à un et mélangez pour que la pâte soit homogène.

4 À l'aide d'une poche à douille, formez des petites langues de 4 à 5 cm de long sur la plaque du four recouverte de papier sulfurisé.

5 Enfournez pour 5 min, jusqu'à ce que les biscuits soient dorés à l'extérieur et blancs à l'intérieur. Laissez refroidir.

6 Servez 1 ou 2 langues-de-chat au goûter avec un fruit et un produit laitier.

Sablés noisette

POUR **PRÉPARATION :** 5 MIN **REPOS :** 30 MIN **CUISSON :** 10 MIN

INGRÉDIENTS

- 100 g de ***noisettes*** en poudre

- 200 g de ***farine***

- 80 g de ***sucre*** de canne

- 100 g de ***beurre*** doux
- 1 ***œuf*** + 1 jaune

1 Préchauffez le four à 180 °C.

2 Dans un grand saladier, mélangez la farine, les noisettes en poudre, le sucre et le beurre coupé en petits morceaux.

3 Mélangez en frottant avec les mains de façon à obtenir un sable grossier.

4 Ajoutez l'œuf et le jaune. Pétrissez, puis former une boule. Laissez reposer 30 min au frais pour que le beurre durcisse un peu.

5 Étalez la pâte entre 2 feuilles de papier sulfurisé sur 5 mm d'épaisseur.

6 Découpez les sablés avec des emporte-pièces ou un petit verre. Déposez-les sur la plaque du four recouverte de papier sulfurisé.

7 Enfournez pour 10 min (ne les faites pas trop dorer). Laissez les sablés refroidir 10 min sur la plaque avant de les décoller. Laissez refroidir entièrement.

8 Servez 1 ou 2 petits sablés au goûter avec un fruit et un produit laitier.

Tajine de poisson

POUR  **PRÉPARATION :** 5 MIN **CUISSON :** 20 MIN

INGRÉDIENTS

- 50 g de ***carotte***

- 50 g de ***pomme de terre***

- 50 g de ***courgette***
- 1 petit morceau d'oignon
- 2 feuilles de coriandre

- 25 g de dos de ***cabillaud***
- 30 g de ***semoule***
- 1 pointe de curcuma
- 1 filet de mélange d'huiles

1 Lavez, épluchez et rincez les légumes.

2 Coupez-les en bâtonnets et émincez finement l'oignon. Lavez et hachez la coriandre.

3 Dans une petite casserole, faites chauffer un peu d'huile, puis faites revenir l'oignon avec le curcuma. Ajoutez la carotte et faites cuire 10 min en remuant.

4 Ajoutez la pomme de terre et enfin la courgette, le cabillaud et la coriandre. Versez de l'eau à hauteur et laissez cuire 10 min à feu doux.

5 Pendant ce temps, faites cuire la semoule comme indiqué sur le paquet.

6 Dans une assiette creuse, déposez la semoule, puis ajoutez le bouillon, les légumes et le cabillaud.

7 Servez tiède à votre bébé.

CONSEIL : Laissez votre bébé découvrir les odeurs, les couleurs, et pourquoi pas manger avec les doigts.

Crumble à la pêche

POUR **PRÉPARATION :** 5 MIN **REPOS :** 15-20 MIN **CUISSON :** 8 MIN

INGRÉDIENTS

- 80 g de ***pêche***

- 1 feuille de menthe

- 10 g de flocons d'avoine

- 10 g d'amandes en poudre
- 10 g de ***beurre*** doux

1. Préchauffez le four à 200 °C.

2. Lavez, épluchez et dénoyautez la pêche. Coupez-la en morceaux en adaptant leur taille à votre bébé.

3. Lavez et hachez la menthe, mélangez-la à la pêche et déposez le tout dans un petit ramequin adapté au four.

4. Dans un saladier, mélangez les flocons d'avoine concassés, les amandes en poudre et le beurre. Malaxez et réservez 15 à 20 min au frais.

5. Répartissez le crumble sur la pêche et enfournez pour 8 min. Laissez refroidir.

6. Servez le crumble au goûter avec un produit laitier ou au déjeuner.

Trifle aux framboises

POUR **PRÉPARATION :** 5 MIN

INGRÉDIENTS

- 50 g de ***framboises***

- 1 feuille de menthe

- 20 g de petits-beurre

- 30 g de ***fromage*** blanc

1. Lavez les framboises, équeutez-les si besoin et réduisez-les en purée. Passez-les à la passoire pour obtenir un coulis.
2. Lavez et hachez finement la menthe. Mélangez-la au coulis de framboises.
3. Écrasez les biscuits dans un petit ramequin.
4. Versez le coulis de framboises sur les biscuits.
5. Déposez dessus le fromage blanc et réservez au frais et à couvert.
6. Servez frais à votre bébé.

CONSEIL : Vous pouvez remplacer les framboises par d'autres fruits rouges.

Salade de fruits du verger

POUR  **PRÉPARATION :** 5 MIN **REPOS :** 1 H

INGRÉDIENTS

- 20 g de ***pêche*** blanche

- 20 g d'***abricot***

- 20 g de ***poire***

- 20 g de nectarine jaune
- 1 pointe de pulpe de ***vanille***

1 Lavez, épluchez et dénoyautez les fruits. Coupez-les en petits cubes.

2 Grattez la gousse de vanille et récupérez la pulpe.

3 Mélangez et réservez 1 h au frais et à couvert pour que les fruits dégorgent et rendent un peu de jus.

4 Servez frais à votre bébé.

CONSEIL : Adaptez la taille des morceaux de fruits à votre bébé et choisissez des fruits bien mûrs, ils seront plus mous.

Pancakes à la vanille

POUR  **PRÉPARATION :** 5 MIN **CUISSON :** 3-4 MIN PAR PANCAKE

INGRÉDIENTS

- 1 gousse de ***vanille***

- 300 g de ***farine***
- 2 sachets de poudre à lever bio

- 50 g de ***sucre*** de canne
- 35 cl de ***lait*** entier

- 50 g de ***beurre*** doux
- 2 ***œufs***
- Huile d'olive

1 Dans un grand saladier, mélangez la farine, la poudre à lever et le sucre. Faites fondre le beurre dans le lait tiédi avec la pulpe de la gousse de vanille et versez le tout dans le saladier.

2 Ajoutez les œufs un à un et mélangez au fouet.

3 Dans une grande poêle antiadhésive légèrement huilée, déposez une demi-louche de pâte.

4 Laissez cuire 2 min. Dès que des bulles apparaissent sur le dessus, retournez le pancake et laissez cuire 1 à 2 min de l'autre côté. Laissez refroidir.

5 Servez un pancake au goûter avec un fruit et un produit laitier.

CONSEIL : Pour plus de gourmandise, garnissez les pancakes de confiture, de miel ou d'un peu de chocolat.

Cigares à la banane

POUR  **PRÉPARATION :** 5 MIN **CUISSON :** 15 MIN

INGRÉDIENTS

- 4 feuilles de brick

- 3 ***bananes***

- 4 carrés de chocolat blanc
- 1 filet de jus de ***citron***

- 1 jaune d'***œuf***
- ***Beurre*** doux
- ***Sucre*** glace

1. Préchauffez le four à 180 °C.
2. Épluchez et coupez les bananes en morceaux. Arrosez de jus de citron.
3. Pliez les feuilles de brick en 2. Sur chaque feuille, près du long côté, déposez de la banane et du chocolat blanc haché.
4. Rabattez les côtés sur la garniture, puis roulez les cigares.
5. Collez les feuilles avec le jaune d'œuf.
6. Badigeonnez de beurre fondu et saupoudrez de sucre glace.
7. Enfournez pour 15 min. Laissez refroidir.
8. Servez un cigare au goûter avec un produit laitier. Coupez-le en morceaux ou laissez votre bébé croquer dedans.

LA CONFIANCE
au cœur
DE LA RELATION

LE BESOIN DE REPÈRES ET D'ENCOURAGEMENTS

Votre enfant s'affirme de jour en jour… Alors que ses capacités physiques augmentent semaine après semaine, il éprouve de plus en plus le désir d'agir par lui-même, et ce, dans tous les domaines du quotidien… Tant de nouvelles étapes l'attendent ! Il les franchira d'autant mieux que vous lui apporterez le cadeau de la confiance en soi.

Expérimentations et déluge d'émotions

Votre enfant vous semble encore tout petit et dépendant de vous, vous le voyez encore comme un bébé… Et pourtant, à partir de 18 mois, ses besoins évoluent, et il a une grande soif de découvrir le monde qui l'entoure. Parfois, vous avez peut-être l'impression qu'il fait des bêtises, mais sachez que ce n'est pas sa faute, il expérimente. Cette période de votre enfant peut vous sembler un peu difficile à vivre, car il n'est pas en capacité de gérer ses émotions et passe parfois en un instant du rire aux larmes. Il ne le fait pas exprès, son cerveau n'est pas encore suffisamment mature pour gérer toutes les émotions qui le traversent tel un tsunami. Dites-vous que si c'est un peu difficile à vivre pour vous, ça l'est tout autant pour lui.

Quelques attitudes qui pourront l'aider

Plus votre enfant gagnera en autonomie, plus ses frustrations s'apaiseront, et il aura le sentiment de pouvoir décider de certaines choses, d'être reconnu comme un petit être compétent. En favorisant sa capacité à être et à faire, vous soutenez ainsi la confiance qu'il a en lui.

PROPOSEZ-LUI DES REPÈRES STABLES

Votre petit teste régulièrement vos limites, celles que vous lui avez posées. Il ne fait pas cela par provocation, mais pour s'assurer de la fiabilité de ce cadre. Essayez de maintenir ce cadre en lui donnant les mêmes réponses lorsqu'il vous teste : si quelque chose est interdit lundi, cela ne peut pas être autorisé le jour suivant. Le fait que le cadre soit clair et fiable est rassurant pour l'enfant.

LAISSEZ-LE FAIRE

Votre enfant n'est pas content parce que vous avez mis son dentifrice sur sa brosse à dents, parce que vous ne lui avez pas donné le « bon » verre, parce que ce n'était pas ce tee-shirt qu'il voulait... C'est le moment de lui faire confiance et de le laisser faire. Proposez-lui des choix : « Tu veux ce pull ou celui-là ? » Ou : « Tu ranges tes jouets avant de manger ou après ? » Ou encore : « En dessert, tu veux manger une compote ou une banane ? »

RESPONSABILISEZ-LE

Votre petit va apprécier que vous lui confiiez des petites missions et il relèvera le défi avec un plaisir immense. Il peut vous aider à vider le lave-vaisselle et à mettre la table, il peut trier les chaussettes en essayant de retrouver les paires, il peut se laver le visage tout seul, laver l'évier avec une petite éponge... et cuisiner avec vous : couper des fruits, verser l'huile, remuer(mais ça, vous le savez déjà !).

ENCOURAGEZ-LE

Avant tout, votre enfant a besoin de sentir que vous croyez en lui, et vous pouvez le lui montrer en lui disant : « Tu **peux** le faire », « Je te fais **confiance** », « Waouh, tu peux être **fier** de toi »... tout en soutenant vos paroles avec les signes correspondants. Signer donne plus de relief à ce que vous dites et cela renforce le message.

La confiance est un cadeau pour la vie...

Témoigner votre confiance à votre enfant renforce son sentiment de sécurité affective. Il sait que vous êtes un pilier stable et solide sur lequel il peut s'appuyer. Il peut compter sur vous ! Ce sentiment non seulement le rassure, mais lui donne aussi des ailes pour partir à la découverte du monde avec sérénité

JOUER ENSEMBLE AU LOTO DES ODEURS

Vous pouvez proposer à votre enfant, à partir de 2 ans, de reconnaître les senteurs et surtout d'évoquer des souvenirs. Dans un petit pot en verre (pour ne pas dénaturer les odeurs), placez un aliment sous un nuage de coton (pour masquer l'aliment et diffuser son parfum). Si votre enfant est en confiance, vous pouvez lui bander les yeux ; à défaut, le coton cachera l'aliment. Demandez-lui : « Que ressens-tu quand tu sens cette odeur ? À quoi cela te fait-il penser ? Cela te rappelle-t-il un moment particulier, un endroit ou quelqu'un que tu connais ? Reconnais-tu cette odeur ? » Évitez de lui demander s'il l'aime ou s'il ne l'aime pas, pour essayer de rester dans le non-jugement, dans le ressenti.

et confiance. Un ancrage solide, sécurisant, encourage et soutient le besoin d'autonomie. Par ailleurs, lorsque vous lui signifiez qu'il peut être « fier de lui », vous pointez ses compétences, et c'est une manière de lui dire : « Tu es capable de faire ceci ou cela. » Ce coup de projecteur sur ce qu'il parvient à réaliser le valorise et lui fait prendre conscience de ses capacités. Cette valorisation, fondée sur des faits vérifiables et objectifs, nourrit sa confiance en lui-même. Ces expériences seront vécues comme des moments très précieux, et votre bébé prendra beaucoup de plaisir à partager cela avec vous. Il aura certainement envie de renouveler ces moments enrichissants à vos côtés. Par votre regard, vos mots encourageants, vos gestes et signes soutenants, vous montrez à votre bébé combien il est important. Cette reconnaissance soutient pleinement son estime de lui-même. Vous lui faites ainsi un très beau cadeau pour sa vie entière

Des petits changements dans la maison

L'acquisition de quelques petits meubles ou des aménagements dans la maison sont susceptibles de faciliter le cheminement vers l'autonomie et d'encourager votre enfant au maximum. Dans un chapitre précédent, on a vu le rôle de la tour d'observation pour impliquer le bébé dans la préparation des repas (voir p. 100). De même, il existe des marchepieds pour qu'il accède facilement au lavabo de la salle de bains. **Toujours dans le même esprit, on peut installer sa vaisselle (assiettes, verres, couverts) à sa hauteur,** même chose pour ses vêtements dans l'armoire de sa chambre.

L'INTÉRÊT D'UN PETIT MINUTEUR OU D'UN SABLIER

Pour responsabiliser votre petit et l'initier à la question du temps, un sablier ou un minuteur constitue souvent un bon allié. Déléguer la durée d'une activité à un petit sablier facilite en effet parfois son arrêt. « Le bain sera fini quand le petit minuteur sonnera », « Quand le sable aura coulé, ce sera l'heure de ranger. » Autant de petites phrases qui aideront votre enfant à accepter peu à peu qu'une activité, quelle qu'elle soit, ait toujours une fin.

L'APPORT
DE LA COMMUNICATION PAR LES SIGNES

Depuis des mois, vous préparez ensemble les repas. Votre enfant reconnaît notamment les signes des divers ingrédients utilisés dans les recettes. À 18 mois, il comprend aussi bien plus de mots qu'il ne sait en dire, et son développement neurologique permet de nouveaux mécanismes mentaux. N'oubliez pas que parler et signer, en tous les cas, ne s'excluent jamais l'un l'autre.

Les signes en préparant le repas

« On ***cuisine*** ? »

« On fait
un ***gâteau*** ? »

« Est-ce que tu veux
le faire tout ***seul*** ? »

« J'ai ***confiance***
en toi. »

« ***Bravo !*** »

« C'est ***difficile*** ? »

« On prépare des muffins à la ***myrtille***. »

« Tu ***coupes*** le fruit. »

« Attention, le couteau, c'est ***dangereux***. »

« Tu ***n'y arrives pas*** ? »
« Tu ***ne peux pas*** le faire ? »

« Je te montre, et ***après, c'est ton tour*** ! »

Les signes pendant le repas

« **Attends**,
ça cuit toujours ! »

« Hum, ça **sent** bon. »

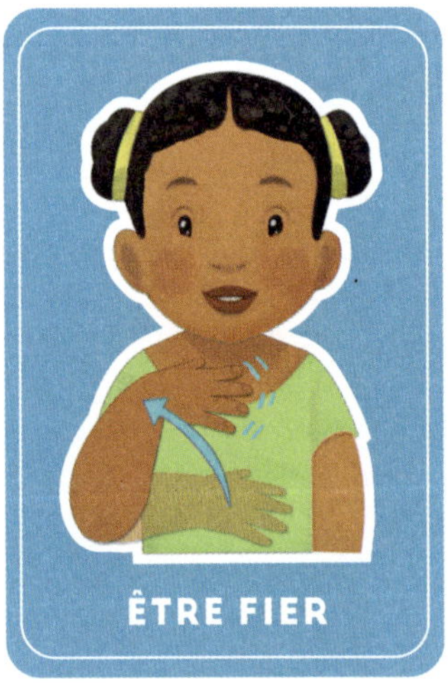

« Tu peux
être fier de toi ! »
« C'est très bon ! »

« Tu **es content**
de cuisiner avec moi ? »

« Tu **peux** le faire »

« Tu ***préféres*** quoi ? »

« Tu ***adores*** le fromage ! »

« Tu n'a ***pas***, l'air d'***aimer*** ça ! »

« C'est toi qui met le ***sel*** ! »

« C'est un gâteau au ***chocolat***. »

« Tu veux du ***pain*** ? »

10 CARTES ingrédients

×2
JAMBON

MIEL

×2
NOIX DE COCO

PÂTES

PETIT POIS

VOTRE ENFANT
QUASI AUX COMMANDES...

Votre petit, encore haut comme trois pommes, se débrouille maintenant comme un chef, sous votre regard confiant et attendri. Vous pouvez être fier de vous, de votre attitude, de votre accompagnement bienveillant, et vous pouvez être fier de lui, qui devient autonome grâce à la confiance que vous lui portez. Désormais, il est capable de réaliser des recettes simples presque tout seul. Il prend les rênes et vous le guidez, l'encouragez et le soutenez par votre regard, vos mots et vos signes.

Croque-monsieur

POUR **PRÉPARATION :** 5 MIN **CUISSON :** 16 MIN

INGRÉDIENTS

- 8 tranches de ***pain*** de mie complet

- 200 g de ***fromage*** râpé ou 8 tranches de fromage

- 300 g de ***jambon*** en chiffonnade

- 1 noix de ***beurre*** doux

1 Sur 1 tranche de pain, déposez 1 couche de fromage, puis 1 tranche de jambon et de nouveau 1 couche de fromage. Refermez avec du pain.

2 Tartinez le pain sur chaque face avec le beurre et déposez les croque-monsieur dans une poêle bien chaude. Laissez dorer 2 min sur chaque face et retirez du feu.

3 Coupez un croque-monsieur en 2 ou en 4 en fonction de votre bébé et servez tiède.

CONSEIL : Vous pouvez utiliser du jambon parfumé à la truffe ou aux herbes, ou accompagner le croque-monsieur avec une salade verte ou de betterave.

Quiche aux poireaux

POUR [pictogramme famille] **PRÉPARATION :** 5 MIN **CUISSON :** 50 MIN

INGRÉDIENTS

- 1 pâte feuilletée

- 4 blancs de ***poireau***
- 15 g de ***beurre*** doux

- 300 g de ***thon***
- 3 ***œufs***
- 300 g de ***fromage*** blanc

- 100 g de ***comté*** râpé

1 Préchauffez le four à 200 °C.

2 Fendez les poireaux en 2, lavez-les et coupez-les en fines rondelles.

3 Faites-les cuire 15 min avec le beurre en ajoutant un peu d'eau si nécessaire. Ajoutez le thon et laissez cuire encore 5 min.

4 Dans un saladier, mélangez les œufs battus et le fromage blanc. Ajoutez les poireaux au thon et mélangez.

5 Déroulez la pâte feuilletée dans un moule à tarte et piquez légèrement le fond à la fourchette. Versez la préparation et parsemez de fromage râpé. Enfournez pour 30 min.

6 Servez tiède à votre bébé.

Papillote de cabillaud aux petits légumes

POUR **PRÉPARATION :** 15 MIN **CUISSON :** 35 MIN

INGRÉDIENTS

- 3 dos de ***cabillaud***

- 400 g de ***petits pois***

- 250 g de ***tomates*** cerises

- 2 échalotes
- 4 feuilles de coriandre
- ***Huile*** d'olive

1 Préchauffez le four à 200 °C.

2 Faites cuire les petits pois 15 min à l'eau bouillante, ils doivent rester un peu croquants, car ils vont repasser au four.

3 Lavez les tomates cerises. Émincez les échalotes. Lavez et hachez la coriandre.

4 Répartissez les légumes sur 4 carrés de papier sulfurisé et déposez dessus les dos de cabillaud.

5 Versez un peu d'huile sur chaque poisson et parsemez de coriandre.

6 Refermez les papillotes et déposez-les sur la plaque du four. Enfournez pour 20 min.

7 Ouvrez les papillotes en veillant à ne pas vous brûler. Laissez tiédir. Servez 25 g de poisson et des petits pois à votre bébé.

CONSEIL : Adaptez la texture des petits pois à votre bébé. Écrasez-les si nécessaire.

Pain d'épice

POUR **PRÉPARATION :** 15 MIN **CUISSON :** 45 MIN

INGRÉDIENTS

- 110 g de ***beurre*** doux

- 250 g de ***miel***
- 270 g de ***farine***
- 1 sachet de poudre à lever bio

- 3 c. à café de mélange 4-épices
- 1 ***œuf***
- 12 cl de ***lait*** entier

1 Préchauffez le four à 180 °C.

2 Faites fondre le beurre avec le miel dans une casserole.

3 Dans un saladier, mélangez la farine et la poudre à lever tamisées avec les épices.

4 Ajoutez l'œuf battu. Remuez et versez le lait et le miel tiédi. Remuez pour que le mélange soit homogène.

5 Versez la pâte dans un moule à cake beurré et fariné.

6 Enfournez pour 45 min. Laissez plus si nécessaire, le pain d'épice doit être gonflé et bien doré. Laissez refroidir.

7 Servez du pain d'épice au goûter ou au petit-déjeuner avec un fruit et un produit laitier.

Fiadone corse

POUR **PRÉPARATION :** 10 MIN **CUISSON :** 30 MIN

INGRÉDIENTS

- 500 g de bruccio ou de ricotta

- 1 ***citron*** bio

- 4 ***œufs***
- 100 g de ***sucre*** de canne

- 1 c. à soupe de fécule de maïs
- 1 gousse de ***vanille***

1 Préchauffez le four à 180 °C.

2 Lavez et zestez le citron. Battez les œufs un à un avec le sucre, jusqu'à ce que cela mousse. Ajoutez le bruccio et les zestes de citron.

3 Mélangez avec la fécule et la pulpe de la gousse de vanille.

4 Versez la pâte dans un moule à manqué beurré.

5 Baissez la température du four à 160 °C et enfournez pour 30 min. Laissez refroidir.

6 Servez du gâteau au goûter avec un fruit et un produit laitier.

Mangue et fruits de la Passion à la vanille

POUR **PRÉPARATION :** 5 MIN **CUISSON :** 15 MIN

INGRÉDIENTS

- 2 ***mangues*** bien mûres

- 2 ***fruits de la Passion***

- 1 gousse de ***vanille***

1 Lavez et épluchez les mangues. Coupez-les en dés et répartissez-les dans 4 carrés de papier sulfurisé.

2 Ouvrez les fruits de la Passion et versez la pulpe sur les mangues.

3 Ajoutez la pulpe de la gousse de vanille et refermez les papillotes.

4 Enfournez pour 15 min. Laissez refroidir.

5 Servez une papillote au goûter avec un produit céréalier et un produit laitier.

Pancakes au chocolat

POUR  **PRÉPARATION :** 5 MIN **CUISSON :** 3-4 MIN PAR PANCAKE

INGRÉDIENTS

- 30 cl de ***lait*** entier
- 80 g de ***beurre*** doux

- 2 ***œufs***
- 240 g de ***farine***

- 40 g de cacao non sucré

- 80 g de ***sucre*** de canne
- 1 sachet de poudre à lever bio

1. Mélangez le lait, le beurre fondu et les œufs battus.

2. Dans un autre saladier, mélangez la farine, le cacao, le sucre et la poudre à lever.

3. Creusez un puits et versez doucement le lait. Mélangez pour qu'il n'y ait pas de grumeaux.

4. Dans une poêle antiadhésive, versez une petite louche sans étaler la pâte, la forme ronde du pancake se fera d'elle-même.

5. Laissez cuire 2 min. Dès que des bulles apparaissent sur le dessus, retournez le pancake et laissez cuire 1 à 2 min de l'autre côté. Laissez refroidir.

6. Servez 1 ou 2 pancakes au goûter avec un fruit et un produit laitier.

Lunettes à la confiture

POUR (famille) **PRÉPARATION :** 5 MIN **REPOS :** 1 H **CUISSON :** 13 MIN

INGRÉDIENTS

- 250 g de ***farine***

- 125 g de ***beurre*** doux mou

- 70 g de ***sucre*** glace
- 1 sachet de ***sucre*** vanillé
- 1 ***œuf***
- 1 gousse de ***vanille***
- ***Confiture*** de ***framboises***

1. Préchauffez le four à 180 °C.
2. Mélangez la farine avec le beurre pour obtenir une pâte sableuse.
3. Mélangez avec le sucre glace et le sucre vanillé, puis avec l'œuf battu et la pulpe de la gousse de vanille jusqu'à ce que la pâte soit homogène.
4. Formez une boule, filmez et laissez reposer au moins 1 h au frais.
5. Étalez la pâte entre 2 feuilles de papier sulfurisé sur 3 mm d'épaisseur.
6. Découpez les sablés avec un emporte-pièce. Faites 2 petits trous sur une moitié des sablés avec un emporte-pièce plus petit.
7. Enfournez pour 13 min. Laissez refroidir.
8. Étalez de la confiture sur les sablés non évidés et refermez les lunettes. Saupoudrez de sucre glace.
9. Servez une lunette au goûter avec un fruit et un produit laitier.

Crème aux œufs

POUR **PRÉPARATION :** 5 MIN **CUISSON :** 30 MIN

INGRÉDIENTS

- 40 cl de ***lait*** entier

- 40 g de ***sucre*** de canne

- 3 gros ***œufs***

1 Préchauffez le four à 200 °C.

2 Dans une casserole, faites chauffer le lait jusqu'à ébullition.

3 Mélangez le sucre avec les œufs dans un saladier. Délayez avec le lait chaud en remuant.

4 Versez la crème dans des petits ramequins et enfournez pour 10 min, puis baissez la température à 180 °C et poursuivez la cuisson 20 min. Laissez refroidir.

5 Servez une petite crème aux œufs au déjeuner avec un fruit.

Mousse aux framboises

POUR **PRÉPARATION :** 5 MIN **CUISSON :** 5 MIN **REPOS :** 4 H

INGRÉDIENTS

- 200 g de ***framboises***

- 60 g de ***sucre*** de canne

- 2 feuilles de gélatine

- 1 c. à soupe de ***crème*** épaisse froide

1 Dans une casserole, laissez compoter les framboises avec le sucre 5 min à feu doux .

2 Passez à la passoire pour retirer les pépins.

3 Reversez le coulis dans la casserole et ajoutez la gélatine préalablement trempée dans de l'eau quelques minutes pour la ramollir.

4 Mélangez jusqu'à dissolution complète de la gélatine, puis retirez du feu et laissez refroidir.

5 Dans un bol bien froid (laissez-le quelques heures au frais avec la crème), fouettez la crème en chantilly.

6 Versez le coulis tiède sur la chantilly et mélangez délicatement.

7 Répartissez la mousse dans des verrines, filmez et réservez au moins 4 h au frais.

8 Servez une mousse au déjeuner de votre bébé.

Mousse au chocolat

POUR **PRÉPARATION :** 15 MIN **CUISSON :** 5 MIN **REPOS :** 2 H

INGRÉDIENTS

- 90 g de ***chocolat*** noir

- 20 cl de ***crème*** liquide froide

- 40 g de ***sucre*** de canne

1 Faites fondre le chocolat au bain-marie, puis laissez-le refroidir un peu.

2 Montez la crème en chantilly, ajoutez peu à peu le sucre, puis le chocolat fondu.

3 Versez la mousse dans des verrines et réservez au moins 2 h au frais avant de servir.

4 Servez une mousse au déjeuner de votre bébé.

Truffes au chocolat

POUR **PRÉPARATION :** 15 MIN **CUISSON :** 5 MIN **REPOS :** 2 H

INGRÉDIENTS

- 200 g de ***chocolat*** noir à 70 % de cacao

- 1 c. à soupe de ***crème*** liquide

- Cacao non sucré

1. Faites chauffer la crème, puis versez-la sur le chocolat haché.
2. Laissez fondre 2 min, puis mélangez délicatement pour obtenir une ganache bien lisse.
3. Laissez refroidir, filmez, puis réservez au moins 2 h au frais.
4. Prélevez des petites boules de ganache avec une petite cuillère, puis roulez-les rapidement entre les mains (attention, la simple chaleur des mains fait fondre le chocolat).
5. Passez les truffes dans le cacao tamisé, puis déposez-les dans une boîte hermétique au frais jusqu'au moment de déguster.
6. Servez une truffe au chocolat au goûter avec un fruit et un produit laitier.

Muffins à la myrtille

POUR **PRÉPARATION :** 5 MIN **REPOS :** 10 MIN **CUISSON :** 15-20 MIN

INGRÉDIENTS

- 140 g de ***myrtilles*** surgelées

- 1 ***œuf***
- 90 g de ***sucre*** de canne
- 1 sachet de ***sucre*** vanillé
- 12 cl de ***lait*** fermenté
- 80 g de ***beurre*** doux

- 190 g de ***farine***
- 1 sachet de poudre à lever bio

1 Préchauffez le four à 180 °C.

2 Dans un saladier, fouettez l'œuf et les sucres jusqu'à ce que le mélange blanchisse. Versez le lait, le beurre fondu et mélangez.

3 Ajoutez la farine et la poudre à lever tamisées en remuant avec une spatule.

4 Ajoutez les myrtilles et mélangez délicatement.

5 Versez la pâte dans des moules à muffins garnis de caissettes. Déposez quelques myrtilles sur le dessus de chaque muffin pour décorer. Laissez reposer 10 min au frais.

6 Enfournez pour 15 à 20 min. Vérifiez la cuisson avec la lame d'un couteau, elle doit ressortir légèrement humide. Laissez refroidir.

7 Servez un muffin au goûter avec un produit laitier.

Baghrir ou crêpes aux mille trous

POUR (pictogramme : famille) **PRÉPARATION :** 5 MIN **CUISSON :** 2-4 MIN PAR BAGHRIR

INGRÉDIENTS

- 200 g de ***semoule*** fine

- 50 g de ***farine***
- 1 sachet de poudre à lever bio
- 1 c. à soupe d'***huile*** neutre
- 50 cl d'***eau*** tiède
- 1 c. à café de vinaigre blanc

1 Dans un saladier, mélangez la semoule, la farine et la poudre à lever.

2 Mélangez délicatement au fouet avec l'huile et l'eau tiède, puis misez au mixeur plongeant.

3 Dans une poêle antiadhésive bien chaude, versez une demi-louche de pâte (ne bougez pas la poêle, laissez la crêpe prendre sa forme).

4 Faites cuire la crêpe d'un seul côté pour obtenir ces fameux mille trous.

5 Déposez chaque crêpe sur un linge propre avant de les empiler sur une assiette (elle est encore humide et risquerait de se coller aux autres).

6 Servez 1 ou 2 crêpes au goûter avec un fruit et un produit laitier.

CONSEIL : Vous pouvez servir les baghir tels quels ou avec du miel ou un sirop de fleur d'oranger.

Tarte aux pommes

POUR  **PRÉPARATION :** 5 MIN **REPOS :** 1 H **CUISSON :** 30 MIN

INGRÉDIENTS

POUR LA GARNITURE :

- 2-3 ***pommes***

- 30 g de ***beurre*** doux
- 50 g de ***sucre*** de canne

POUR LA PÂTE :

- 150 g de ***beurre*** doux mou
- 95 g de ***sucre*** glace

- 30 g d'amandes en poudre
- 1 ***œuf***
- 250 g de ***farine***

1. Préchauffez le four à 180 °C.

2. Préparez la pâte. Dans un saladier, mélangez le beurre avec le sucre glace, les amandes en poudre, l'œuf et 2 pincées de sel jusqu'à ce que le mélange soit homogène. Ajoutez la farine et pétrissez quelques secondes.

3. Déposez la pâte sur du film alimentaire et écrasez-la avec les mains pour former un disque. Laissez reposer 1 h au frais.

4. Étalez la pâte et déposez-la dans un moule à tarte.

5. Lavez et pelez les pommes. Tranchez-les finement (2 ou 3 mm d'épaisseur), puis disposez-les en rosace sur la pâte.

6. Passez un peu de beurre fondu sur le bord de la pâte, saupoudrez de sucre et ajoutez quelques noisettes de beurre. Enfournez pour 30 min.

7. Servez de la tarte au déjeuner de votre bébé.

Pizza royale

POUR **PRÉPARATION :** 5 MIN **CUISSON :** 15 MIN

INGRÉDIENTS

- 1 pâte à pizza

- 4 c. à soupe de purée de ***tomate***
- 150 g de ***jambon*** en chiffonnade

- 10 ***champignons*** de Paris
- 200 g de ***mozzarella*** râpée
- Origan

1 Préchauffez le four à 220 °C.

2 Déroulez la pâte à pizza, badigeonnez la purée de tomate, puis saupoudrez d'origan.

3 Lavez et équeutez les champignons. Émincez-les finement. Sur la pizza, déposez le jambon, puis les champignons.

4 Parsemez de mozzarella et enfournez pour 15 min. Laissez refroidir.

5 Servez de la pizza au déjeuner de votre bébé en adaptant la taille des morceaux.

CONSEIL : Vous pouvez ajouter des olives noires dénoyautées.

Mac and cheese

POUR **PRÉPARATION :** 5 MIN **CUISSON :** 15 MIN

INGRÉDIENTS

- 250 g de ***macaronis*** cuits *al dente*

- 200 g de ***cheddar*** râpé
- 30 g de ***beurre*** doux

- 30 g de ***farine***
- 30 cl de ***lait*** chaud

- 25 g de chapelure
- Muscade

1 Préchauffez le four à 200 °C.

2 Dans une casserole, faites fondre le beurre à feu doux. Ajoutez la farine et remuez sans cesse. Versez peu à peu le lait. Laissez épaissir en remuant à la spatule, puis mélangez avec les trois quarts du cheddar et assaisonnez de muscade.

3 Mélangez la sauce aux macaronis et déposez-les dans un plat à gratin sur 4 cm d'épaisseur.

4 Parsemez du reste de cheddar et de chapelure, puis enfournez pour 15 min. Laissez tiédir.

5 Servez du mac and cheese à votre bébé avec une petite salade de mâche ou incorporez des épinards au plat.

Rochers coco

POUR **PRÉPARATION :** 5 MIN **CUISSON :** 15-20 MIN

INGRÉDIENTS

- 150 g de ***noix de coco*** râpée

- 150 g de ***sucre*** en poudre

- 3 blancs d'***œufs***

- 50 g de ***beurre*** doux

1. Préchauffez le four à 160 °C.
2. Dans un saladier, mélangez la noix de coco, le sucre et les blancs d'œufs à la spatule. Laissez reposer 3 min.
3. Ajoutez le beurre fondu et malaxez à la main ou à la spatule.
4. Formez des petites boules de 30 g en pinçant le sommet. Déposez-les sur la plaque du four recouverte de papier sulfurisé.
5. Enfournez en bas du four pour 15 à 20 min en surveillant la cuisson (dès que la base et le sommet commencent à dorer, retirez du four). Laissez refroidir.
6. Servez un rocher au goûter avec un fruit et un produit laitier.

CONSEIL : Conservez les rochers dans une boîte hermétique.

Index des recettes

Index des signes

Pour voir les vidéos des signes, scannez les QR codes pages 8, 48, 101, 139 ou cliquez sur les liens suivants :

https://bonus-liv.re/a/Nourrir_votre_enfant1
https://bonus-liv.re/a/Nourrir_votre_enfant2
https://bonus-liv.re/a/Nourrir_votre_enfant3
https://bonus-liv.re/a/Nourrir_votre_enfant4

Remerciements

À ma coauteure et amie, Céline... nous avons tellement de valeurs communes... et maintenant, nous partageons ce joli bébé, ce magnifique livre que nous avons conçu lors de nos moments si conviviaux ! Quelle joie de te connaître !

À mes proches, mes enfants Manon, Raphaël et Sarah, mes parents et mon compagnon, merci d'être dans ma vie, de prendre soin de moi et de me chérir. Je vous aime tellement !

Merci à mes sœurs de cœur Stéphanie Ledoux et Lise Hardeman d'être toujours auprès de moi, quels que soient mes choix, mes décisions, mes projets, mes idées, mes coups de blues et mes folies... Votre amour me nourrit chaque jour.

À mes référentes en LSF qui ont validé les signes de ce livre : Isabelle, qui propose des recettes en langue des signes française sous le nom de @lesrecettessignees, et Manon, connue sur les réseaux pour ses vidéos sur la parentalité, en LSF, @lesateliersdemanon77. Manon est également référente LSF chez Éveil et Signes.

Je pense également à vous, parents, qui me suivez au quotidien, je vous remercie pour votre confiance et je suis très heureuse de vous accompagner dans votre parentalité. Je souhaite que ce livre vous offre de nombreuses pistes pour vous et vos bébés, pour nourrir votre relation, vos interactions, votre complicité. Prenez du plaisir à préparer vos repas ensemble et à les déguster, grâce aux merveilleuses recettes de Céline et à user de la communication sous toutes ses formes. Merci pour votre confiance.

Merci à tous les membres de mon réseau Éveil et Signes... vous êtes ma grande famille !

Enfin, je remercie Samuel Pereira pour son travail d'illustration.

Isabelle

À ma coauteure, Isabelle, pour sa douceur, pour son grain de folie, sa bienveillance, mais surtout pour sa force.

À ma famille, Benoît et mes enfants Anna et Leny, ce sont eux qui me donnent l'inspiration et l'envie de créer de nouvelles choses, d'écrire de nouveaux livres. Ce sont eux qui me poussent à me dépasser et à être meilleure chaque jour.

À Marie Radojcic et Florine Pisano, orthophonistes spécialistes de la DME et fondatrices de @laboiteaortho_familybox, Anne-Charlotte Garet, diététicienne (@astucedediet), et Christelle Perrin Fayolle, sage-femme, des professionnelles de santé qui m'ont accompagnée dans ce livre afin de vous apporter des réponses concrètes et sûres.

À Nadège Morel, humoriste plus connue sous le pseudo @nadege100gene, qui me rend la vie plus douce. À mes ami(e)s qui croient en moi, me soutiennent avec enthousiasme et bienveillance depuis tant d'années.

À Guillaume d'avoir accepté sans hésitation de faire la préface, c'est pour moi une grande marque de confiance et j'en suis honorée...

À tous les parents qui liront cet ouvrage, merci pour votre confiance, amusez-vous avec mes recettes et avec les signes qu'Isabelle a mis à votre disposition. Votre confiance et le sourire de vos enfants seront ma plus belle victoire.

À Larousse, plus particulièrement merci à Émilie et Nathalie, pour votre confiance et de faire en sorte que l'histoire continue.

Céline

Imprimé en Espagne par MACROLIBROS SL
Dépôt légal : août 2021
328298/ 01- 11046875 - juillet 2021

PAPIER À BASE DE FIBRES CERTIFIÉES

LAROUSSE s'engage pour l'environnement en réduisant l'empreinte carbone de ses livres. Celle de cet exemplaire est de : 1,2 kg éq. CO_2
Rendez-vous sur www.larousse-durable.fr

Pour les éditions Larousse, le principe est d'utiliser des papiers composés de fibres naturelles, renouvelables, recyclables et fabriquées à partir de bois issus de forêts qui adoptent un système d'aménagement durable. En outre, les éditions Larousse attendent de leurs fournisseurs de papier qu'ils s'inscrivent dans une démarche de certification environnementale reconnue.